貧乏神と福の神

南部　務［著］

ミネルヴァ書房

貧乏神と福の神

目　次

目次

第一章　貧乏神と福の神

第二章　処　世

第三章　お金に関する法則

第四章　事業選び場所選び　士農工商

目次

第五章　社長心得

第六章　経営実務

第七章　経　理

第八章　接客と売り方

目次

第九章　学習・向上心

第十章　よき師よき友

第一章 貧乏神と福の神

第一話　貧乏神のすごさ

昔、親戚のある家が貧乏をしていたとき、
家族で北海道に夜逃げをしようと話がまとまり荷造りをしていたら、
家の中のはしごの下に知らない男の人が座って、藁《わら》しごとをしていたそうです。
家の人が、あなたは誰だとたずねたら、
「私はこの家の貧乏神じゃ。
お前さんたちが夜逃げすると言うから、
今、わらじを編《あ》んでいたところじゃよ。
一足先に行って待っているよ」
と言ったそうです。
逃げても逃げてもついて来る、貧乏神はしつこい神様です。
親戚の家の人たちは、夜逃げを中止したそうです。

貧乏神は
しつこい。
夜逃げを
しても
ついて来る

第二話　貧乏神にとりつかれる場所

小学校や中学校の体育館やグラウンドを見ていると、体調の悪い子が隅《すみ》っこの方にかたまっています。

世の中でも仕事の調子の悪い人や、暇《ひま》をもてあましている人や、病人や老人がどこかの隅《すみ》っこにかたまっています。

活力《かつりょく》のある元気な子は、グラウンドのまん中で遊んでいます。

貧乏神にとりつかれるのは「**どこかの隅《すみ》っこ**」です。

貧乏神にとって活力があり、元気があり、明るい人にとりつくことは、まぶしくてできません。狙《ねら》いは、隅っこにかたまっている、弱く、調子の悪い人です。

どんなに調子が悪くても元気で、若い、活力のある人と交わる努力をしてグラウンドの中央にいるべきです。

グラウンドの「隅っこ」は恐ろしい。今、君はどこにいる？

「隅っこへ
行くな！
貧乏神に
とりつか
れるぞ！

隅っこ
とりつくぞ…

第三話　貧乏神の好物

貧乏神が住んでいる家は、外から見てもすぐわかります。

玄関先が冷たい感じがします。

掃除《そうじ》ができていませんし、くもの巣がはっていたりペンペン草が生えていたりします。物売りや集金に行ったりしたとき、家の中でケンカ（言い争い）をしていたり、「うそ」をつかれたりします。

どうやら貧乏神は汚いところが好きで、人の言い争いや、ケンカが好きで、泣き声、わめき声、事故、病気が大好物のようです。

バイ菌と同じで、暗いところ、ジメジメしたところも大好物。

愚痴《ぐち》とため息、家族や仲間のケンカが最高のごちそうのようで、そのたびに、貧乏神はどんどん太って強くなるそうです。

貧乏神の好物

暗い、きたない
じめじめ、ゴチャゴチャ
孤独、ため息、
怒り、とケンカ
事故と病気と
うそと見栄

第四話　倒産した会社の奥さん

五十余年来、数多くの中小企業の倒産を見てきました。

どの会社も、社長や社員さんが優秀であったり、努力していたから、一時は立派な会社になったのですが、十年、十五年、二十年と経った頃、資金繰りがつかず倒産しています。

不思議とそこで共通しているのが、社長の奥さんです。

若い頃に美人だったと思われる人が多いのです。

奥さんは美人に越したことは無いのですが、なぜか問題があるように思われます。

繁盛する店の奥さんは、愛きょうのある人が多いように思われます。

美人より
愛きょうの良い人を
奥さんに
した方が良い。

第五話 貧《びん》とは、お金を分けること

大昔、中国で漢字ができた頃—通貨に貝を用《もち》いていたために、お金に関係する文字には貝の字が多く入っています。

財《ざい》・資《し》・貸《たい》・貯《ちょ》・貫《かん》・貨《か》・販《はん》・買《ばい》・貴《き》・貶《せん》・費《ひ》・貿《ぼう》・賃《ちん》・賑《しん》・賢《けん》・賀《が》……。

どの文字にも貝の文字が入っていますが、とくに問題なのが、「貧《びん》」と「敗《はい》」。

「貧」はお金を分散させることで、お金の貯まらない人はサイフも持たず、ポケットの中に裸でねじ込み、机の引き出しや車の中にも小銭を入れてあります。

貧乏の第一歩はここから始まります。

敗の「攵」と言う字は、なげると言う意味で、貝が石になげつけられ粉々になる様《さま》を表します。お金を粗末にすると敗北者になると教えているのです。少しづつ少しづつ、小さな水滴が小さな川となり、小川が集まってやがては大河になっていくのです。

分散投資は、集中のためのプロセスでなければなりません。

貧乏とはお金を
分けること。
一つの財布に
集めてあげよう。

第六話　空き家には貧乏神

少しお金が貯まって貸家を持ったり、相続などで不動産の賃貸を始めたときに、入居率の悪い物件に遭遇する場合があります。

そこには貧乏神がやってきます。

貧乏神に住みつかれると、入居率がどんどん悪くなります。こんなときは、

一、改築、改装

二、値下げ

の二つがありますが、思い切って改装して、さらに値下げするべきと思います。

採算面から考えるとプロの方には「馬鹿だ」と言われますが、しつこい貧乏神に住みつかれる方がもっと悪いと思います。

福の神様に早く来てもらうには、投資も必要だと思います。

不良在庫は
安くても売り切れ
死蔵品は
貧乏神の巣

第七話　保証をたのみに来るは貧乏神

就職の場合は身元保証、借金の場合は連帯《れんたい》保証の印鑑《はんこ》を押さねばなりません。

父母兄弟、甥《おい》や姪《めい》の家族の場合、一緒に貧乏する覚悟のある相手ならば、仕方が無いかも知れませんが、友人や知人に対しては絶対に保証人になってはいけません。

とくに友人はダメです。

保証を頼まれたら「**我家の家憲《かけん》で禁止されているので、ごめんなさい**」と手をついて謝《あやま》ることです。お金を貸してもいけません。

ひたすら謝って断ることです。そのときはもう友人でも知人でも無く、貧乏神が友人の体に乗り移っているのです。

『断る』ことが、自分の会社と家族を守る唯一の方法です。

「保証人」は断ってください。

保証人には
絶対
なるな!!

第八話　ため息

「大きな息」とため息は似ても異なものです。

大きく手をひろげ深呼吸すると、福の神様が寄ってこられるのに対し、背を丸め、うつむいて「ヒー」とか「フゥー」とため息をつくと、貧乏神が寄ってくるのです。ため息は貧乏神を呼ぶ「呼び声」なのです。

貧乏神は、笑い声やたのしい歌声が嫌いです。泣き声や怒り声が大好きで、なかでもため息を聞く度にどんどん太り育っていき、仲間を呼び集めます。

貧乏神を追い出す言葉。『ありがとう』を連呼するしかありません。

ケガをしても、これで済んだと「ありがとう」。

失敗しても「ありがとう」。

毎日毎日「ありがとう」。雨が降っても「ありがとう」。

この方法しかありません。

貧乏神を
呼びたかったら
「ため息」を
つけ！

第九話　福の神様は弱い

福の神様はやさしく弱い神様です。

貧乏神はモンスターですから、貧乏神が住んでいる間は、福の神様は家のどこかにかくれているのです。貧乏神が出ていくと福の神様が出現されるのです。出現されたら好物をお供えしなければなりません。「太陽」・「陽気」・「明るさ」・「笑顔」・「歌声」・「笑い声」・「清潔」・「すっきり」・「健康」・「やる気」・「元気」・「前向き」……。

お供えにお金など福の神様は欲しがりません。

家の中を掃除するのが一番のお供えです。福の神様はやさしい神様で、ゴミや埃が大嫌いなのです。

掃除をするから福の神様が来られ、福の神様が来られるから「良いこと」が起こり笑いも出るのです。笑門来福《しょうもんらいふく》と言うけれど、来福があるから笑いも生まれるのです。

まず、貧乏神を追い出しましょう。

福の神の好物

太陽・明るさ
笑顔と笑い声
清潔・すっきり
健康・元気

第十話　招福の手の平

手の平を裏にむけ、だらりと胸の高さにおけば幽霊《ゆうれい》となります。腰でだらりとすれば中風《ちゅうぶ》になります。「静かにしなさい」と言うときは、同じく手の平は下に向いています。

この手の平をガラリと表にむけると、とたんに陽気になります。

「さあさあ、賑《にぎ》やかにやりましょう」と盛り上げるときの手の平は表向きです。両手でお金を受けるときも、赤ちゃんをだっこするときも、大きく息を吸い込むときも手の平は表向きです。

福を招くには手の平を表に向けることです。

太陽に向って大きく両手を肩の高さで広げ、手の平に太陽を浴びさせると、不思議な力が体の中に入って来ます。

ぜひ試してください。

手の平を
上に向けよう
福の神が
やって来る

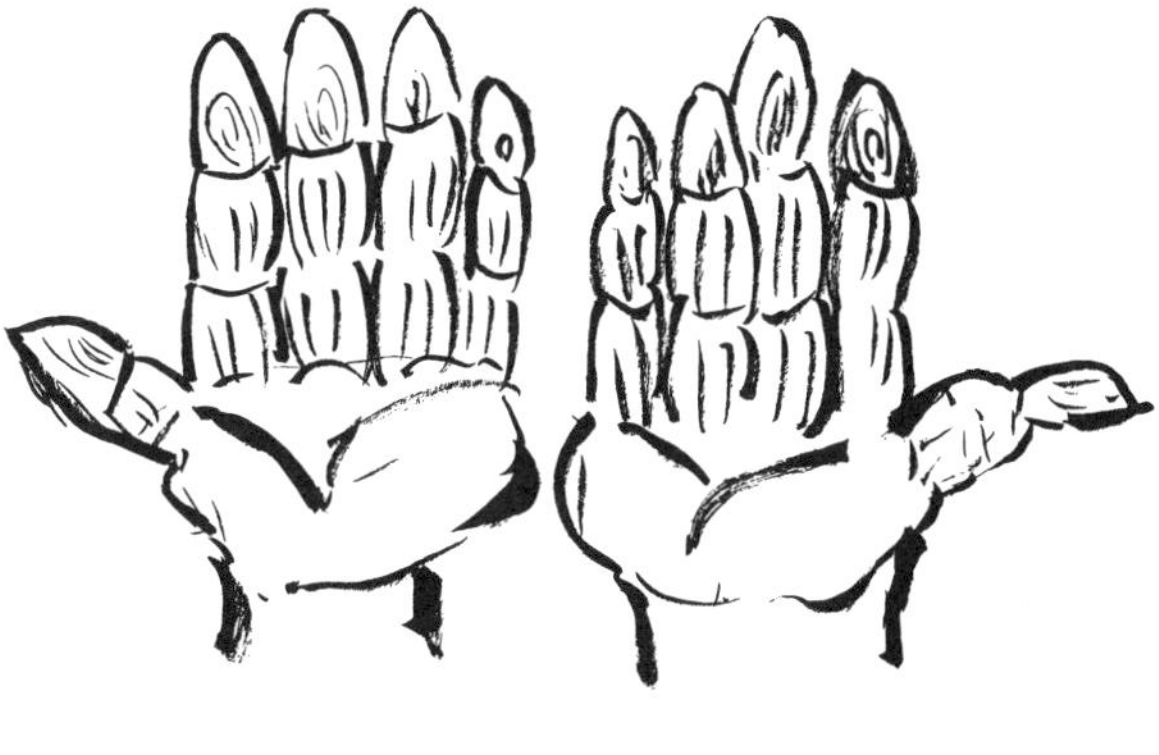

第二章　処世

第一話　天国と地獄

昔、天国と地獄《ちごく》と両方に行った人のお話によると、地獄では火のかかった直径が二メートルぐらいの大きな鍋《なべ》に、おいしいごちそうが煮《に》えていたそうです。

その廻りに、やせた人たちが長い長い箸《はし》で食べようとしても口に入らず、皆餓鬼《がき》のような形相《ぎょうそう》で食べようとしてはポトリ、食べようとしてはポトリと落としていたそうです。

そこで天国に行って見ると、やはり火のかかった直径が二メートルぐらいの大鍋《なべ》に、おいしいごちそうが煮えていたそうです。ただその廻りにいる人々は、皆丸々と太り、笑顔でたのしく話し合っていたそうです。箸《はし》の長さも同じ長い長い箸《はし》ですが、その箸《はし》でつまんだ物を向《む》こう側にいる人に食べさせているのです。天国も地獄も条件は同じです。

考え方が違うだけのことでした。

己を先にすれば
地獄
他人を先に
すれば
天国

第二話　命《いのち》いただきます

京都のあるお寺へ参拝したとき、そこのお坊さんの説教を聞くまでは、食事のときに合掌して「いただきます」と言うのは、食事を作ってくださった方や、家族や、仏様に、感謝するための作法だと思っていました。

しかし、人間は魚や鳥や牛や豚《ぶた》、それに野菜や果物の命をもらって生きている。その命《いのち》をいただく供養の作法だと知りました。

以来、食事の度に他の生きものの命のことを考えるようになれました。

命をくださった生きものに対し、食事の前にきちんとあいさつする意味で「いただきます」と手を合わせ、食事のあとには「ごちそうさま」と手を合わせることがいかに大切かを知りました。

命《いのち》
いただきます。
命《いのち》
ごちそうさま。

第三話　二宮尊徳の再建術

昔は小学校の校庭に、背に薪《まき》を背負いながら本を読んでいる二宮金次郎（尊徳）の像がありました。彼は江戸時代に財政に行き詰《づ》まった藩《はん》や旗本や大商人の再建に腕をふるったことでも有名な人物です。彼のやり方には法則があって、再建を頼まれると、その家族を土蔵《どぞう》に移し、玄関の門を壊《こわ》し、庭木を切り倒し、座敷を壊《こわ》し、すべてを薪《まき》にして売りはらい、古道具も処分し、みじめなくらいにするそうです。たちまち世間にその家の財政破綻が知れ渡り、家族も使用人も今までの生活はできなくなります。もう見栄を張る必要もありません。

「**見栄を捨てることが再建の第一歩**」なのです。

そこから開墾をしたり、収入をふやす努力をして再建に成功し、家も門も元通りに修復したそうです。こっそり銀行から金を借りて再建しようとすると、借金がふくれあがり、最悪の状況になりますよ。

見《み》栄《え》を
捨《す》てれば
再《さい》建《けん》
出来る

第四話　商人は政治家になるな

「商人は真実を求める実業の道
政治家は駆け引きと虚業の道」

商人は決して名誉を求めてはなりません。時として業界の代表に推されたり、お世話役をせねばならぬことがあっても、本業を外れた二足のわらじを履《は》いてはなりません。

どちらか一本で行くべきです。

いつの時代も政治の腐敗があり、政・官の癒着《ゆちゃく》があり、税金だけがあがっていくことに腹が立つことばかりですが、商人は政治家になることはあきらめるべきです。道が異なり、人種が異なるのです。

商人はお客様と言う名の国民に対し、少しでも生活の利便性や快適さやたのしさを提供することが使命であり、己の名誉を捨て『のれん』（ブランド）の名を上げることに生涯をかけるべきです。

名《な》を捨てよう
名誉《めいよ》を
求《もと》めるな。

第五話　経験と体験のちがい

学校で学んだことや、本で読んだ知識は、人類の経験の積み重ねです。

一方、自分が風邪をひいたり、ころんでケガをしたり、セールスに成功したり、失敗したりしたことを体験と言います。

頭で得た知識より体験の積み重ねの方がはるかに強いのですが、体験には限界がありますし、「兵法」を今から体験し、失敗し殺されていたのでは命がいくらあっても足りません。

孫子を学び、数学を学び、経理を学び、先人の経験に学び、組織学を身につけること。決して体験に頼っていたのでは、デジタル社会に適応できません。

親の言いなりになってはなりませんが、祖父や父親の経験を学び、それを先人の知《ち》恵《え》として身につけることは大切なことなのです。

年寄りのつば（口から出ることば）は、役に立つと言われています。

年《とし》寄《よ》りの唾《つば》は
膠《にかわ》になる。
（膠《にかわ》＝接着剤）

第六話　愚直にまっしぐらに進め

世の中の成功者の伝記を読んで気付くのは、どの人も愚直にまっしぐらに進んでいることです。不思議なほどダマされやすい人達です。

きっと人を疑うことの能力が欠けていて、信じやすいのだと思います。それゆえ疑わず、信じた道をまっしぐらに進むことができるのだと思います。

私も新規部門を立ち上げるたびにだまされて大金を捨てるハメに立たされましたが、不思議とその後に幸運が舞い込んで来ました。

くやしく、情けなく腹立たしいことが、これでもかこれでもかと襲《おそ》って来た時代がありましたが、その人たちのその後のことが風の便りで伝わってくるたびに、だました人が倒産したり没落《ぼつらく》しています。一人として成功していません。

神様が見ておられるのか、不思議でなりません。

騙《だま》された人が
成功者となり、
騙《だま》した人が
不幸になる、
不《ふ》思《し》議《ぎ》だね。

第七話　背すじをのばそう

私の師に、越前そばの普及に尽力された中山重成という人がおられます。

師は現在九十歳をすぎても、百歳までは楽々いけると思われる。

その師の背すじはいつもピーンとまっすぐです。

背すじは体の大黒柱。その柱こそ生命の大動脈であり、考え方や物の見方がぶれないのは背すじのせいだと確信します。

昔の人は「目に心が現れ、声にその時の気分が現れ、いくら化粧して年をごまかしても、背中を見れば年がバレる」と言いました。

いつまでも若く見られたかったら、背すじをピーンとのばすことしかありません。

ぶれない精神力が欲しかったら、背すじをピーンとはることだと学んでいます。

出典はさだかではありませんが、「**目に心、声に気分、背中に歳《とし》**」とは誠に妙を得た言葉だと思います。

背すじをピーンと

第八話　変《か》わる世の中

二〇一一年の東日本大震災のとき、被災地の人々が求めたものは薬と水と食糧、次に衣料でした。

しかし日が経つにつれて、支援物資が届き始めると、最初足りなかった物が次第に余りはじめました。会社も流され雇用者が失業し、人手は余りました。でも復旧工事が本格化すると、人手は不足するようになってきます。遠方のボランティアの人もどんどん減っていくでしょう。昔の人は言いました。

「足らん物は余り、余るものは足らん」と……。

かつてオイルショックのとき、トイレットペーパーがお店から消えました。人は流言にまどわされ不安になって買い占めます。そんなとき、落ち着いて昔の人のことばを思い出すと良いでしょう。また、在庫不足や人員不足や世間のうわさを耳にしたとき、逆の結果になることを私は数多く見てきました。

足《た》らん物は
余《あま》り
余《あま》る物は
足《た》らん

第九話　処世で一番恐《こわ》いもの

「隣《となり》に蔵が立つと腹が立つ」と昔の人は言いました。なぜでしょう。

これが「ねたみ心」「しっと心」ではないでしょうか？

出世や成功を応援していた同級生の仲間が、実際に成功し、自分より身分が上にいくようになると、次第に離れていったり、悪口や陰口を言うようになっていくのです。

人は己《おのれ》より十倍の恵まれた能力のある人をねたみ、百倍以上の人を尊敬すると言われています。

百倍以上に差のつく人はあまりいませんので、大抵《たいてい》の人は悪口陰口の的《まと》にされるのです。それを回避《かいひ》するには、いつも低姿勢を貫くことです。

そして今まで通りのおつき合いをする努力と、近所への気配りが大切となるのです。

能力のある人がスキャンダルやうわさで潰された例はいっぱいあります。

ねたみ
ひがみ
うらみ

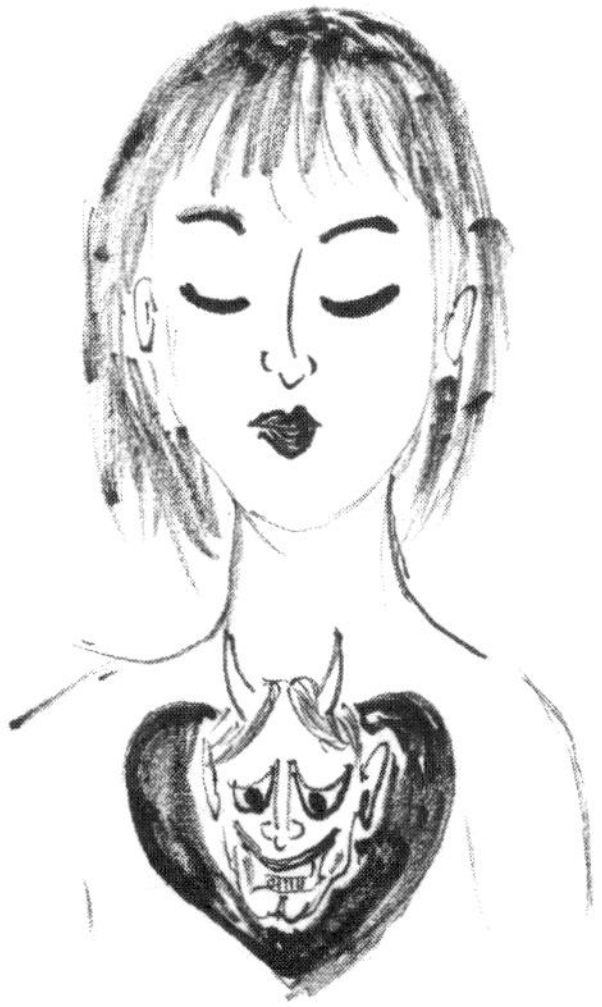

第十話　あやしい宗教にだまされるひと

宗教とは何でしょうか。神社やお寺に参拝し、お賽銭《さいせん》をあげて福をお願いする。ほほえましい風景です。都合の良いごりやくをいつもくださる神様はいないのですが、人の良い老夫婦や若者が、あやしげな教団にだまされ、催眠術にかけられ全財産を寄付《きふ》したり、発狂したり、病気を移《うつ》されたり、悲劇に巻き込まれた話を私は数多く見聞きしました。

学校では仏教や、キリスト教などの宗教をあまり教えていませんので、老夫婦や若者には宗教についての知識が少ない人が多いのです。そして老後を生きる力や自信の無い人や、弱く不安な心を持った人にあやしい教団は狙いをつけるのです。狙われたら逃げなければなりません。親切そうな仮面をつけた狼集団から逃げるには、良き友人、良き家族に相談することです。

決して一人でのこのこついて行かないことです。

聞いた事の無い
宗教の誘いに
のるな！

第三章

お金に関する法則

第一話　無欲万両

昔の人は「**欲を起こせば股からさける**」と言い伝えてきました。

「ネズミ講」にだまされたり、「ハイハイ商法」や甘いエサにつられて老後の貯蓄をだまし取られたり、また「家賃保証」につられて高額の借金を背負い泣かされるのも、元をただせば「〇〇したい」と言う欲心を突かれたものです。

冷静に考えれば世の中にそんな甘い話があるはずありません。

よくわかっているのにダマされる原因は、体力に自信が無くなり、稼ぐ自信が無くなったからです。

息子や孫に相談すれば、まずひっかかることは無いでしょう。

それだけ孤独なのです。善良に生きてきて最後にだまされることほど、つらいことは無いでしょう。

だます人間は許せませんが、そんな悪人がうようよしているのも人間界です。

貯蓄十両
儲け百両
見切り千両
無欲万両

第二話　お金の無いときはアタマとカラダを使え

「無から有を生み出す」のが商人の道。

お金が無くてもアタマとカラダがあれば道は拓《ひら》けます。

「情熱」を原動力にアタマを使い、カラダを使えば不思議とお金は生まれます。

お金があるからお金に頼る。お金が無ければ頼るものは自分のアタマとカラダのみ。なのにカラダを動かすのが嫌い！　と言う人が多い。そうなると悪い方向に行くか、貧乏暮らししか無いのです。

商人の可能性は無限大。でもその一歩はアタマとカラダを使うこと。「楽《らく》して儲かる」方法など無いのです。商人は顧客のためにどれだけ尽力できるかが勝負です。

①無から体を使ってタネ(種)銭《せん》を生む

②タネ(種)銭《せん》を、頭を使って増やす努力

③でも、体と頭を使わないとタネ(種銭)は大きく育たない。

「無から有へ」

アタマとカラダを

使え

第三話　お金は道具だよ

「お金」のことを書いているけれど「お金」なんて道具に過ぎません。目的を達成するために使う道具です。

大工さんが工具を使って仕事をし、家を完成させる。家を建てないなら工具も不要です。大切なのは目的であって「お金」や工具は目的ではありません。

「お金」のことで自殺する人が後を断ちません。目的と道具を間違えているのです。しっかりとした人生の目的こそ大切なのです。

一万坪の店を作りたいなら、それだけの道具を集めればよい。道具を持つか借りるかは、その時その時の状況で判断すれば良いのです。

道具（お金）は持っている方が便利ですが、まったく無いと誰も貸してくれません。元の種銭《たねせん》だけは自分のアタマとカラダで稼《かせ》ぎ出さねばなりませんが、あくまで道具と目的を混同しないようにしたいものです。

お金は道具だよ
目的の為の
道具だよ

第三章　お金に関する法則

第四話　お金は淋しがり屋

『高いところへモッコ持ち』（高いところへモッコで土を運んで、高いところはどんどん高くなり、低いところはどんどん低くなると言う意味）と昔の人は言いました。

お金は分散すると貧乏になると書きましたが、お金は淋しがり屋で金のあるところに集まる習性があるのです。小銭を机の引出し、ポケットや車の中に裸で入れている人を見かけますが、そんなお金持ちの人を見かけることはありません。今はカードの時代でケイタイ電話もサイフのかわりをしていますが、これも裸銭と同じで貧乏の第一歩なのです。一生お金に振り廻される可哀相な人になりたくなかったら、お金を一ヵ所に貯めることです。小口の預金を一つにまとめ定期にすることからスタートしましょう。そうすると、お金が集まってくるのです。淋しがり屋のお金は一ヵ所に貯めると、友達を呼んでくれるのです。

サイフの中のお金は一万円札千円札と顔まできちんと揃えましょう。

お金は
淋しがり屋
一ヶ所に
集めてあげよう

第三章　お金に関する法則

第五話　クレジット式奴隷《どれい》制度

欧米には、昔黒人をつかまえてきて鎖《くさり》をつけて牛や馬のように働かせた奴隷《どれい》制度の歴史があります。

現代の日本においてもまさしくその奴隷《どれい》と同じ制度があるのです。

まず車やファッションや住宅など欲しくなるよう宣伝し、お金も無い人に「信用」だと言ってローンやクレジットで買物をさせて、高い利息を取るのです。住宅ローンを途中で支払えなくなると、家は取り上げられてしまいますから、つらくても働き続け支払い続けなければなりません。会社を休むことも許されません。これでは鎖《くさり》をつけられて働かされているのと同じです。

お金を貯めてから家を建てたり、車を買うのが奴隷《どれい》にならずに済む方法ですが、大抵奴隷《どれい》にされてしまうのです。ドルをどんどん印刷し、先に物価を上げて貯蓄が追いつかなくなるように仕掛けるのです。でもお金が貯まるまで辛抱《しんぼう》した人が勝利者なのです。

クレジットで買うな！
ローンを使うな！
知らず〳〵に
奴隷にされるぞ！

第六話　元《がん》金《きん》均《きん》等《とう》払《ばら》いと元《がん》利《り》均《きん》等《とう》払《ばら》い

どうしても住宅ローンで家を買う場合、銀行などで借金することになります。そのとき返済方法の選択があります。それが元《がん》金《きん》均《きん》等《とう》と元《がん》利《り》均《きん》等《とう》です。

元金均等ですと、最初から返済額がすごく大きくなります。元利均等ですと二十年なり三十年なり一定額です。最初の返済額も元金均等よりずっと小さくなります。そのため、九十%以上の人が元利均等払いを選択します。

でも二十年、三十年の間に何が起こるかわかりません。十年位経った頃に家を売って、他に移るようなことが起こるものです。そんなとき、借入残高の元金がほとんど減っていないことに気付くのです。家は使った分古くなっています。

最初つらくても、元《がん》金《きん》均《きん》等《とう》払《ばら》いを選択するようおすすめします。

「元金均等払い」を
選《せん》択《たく》すべし
元利均等は
？です。

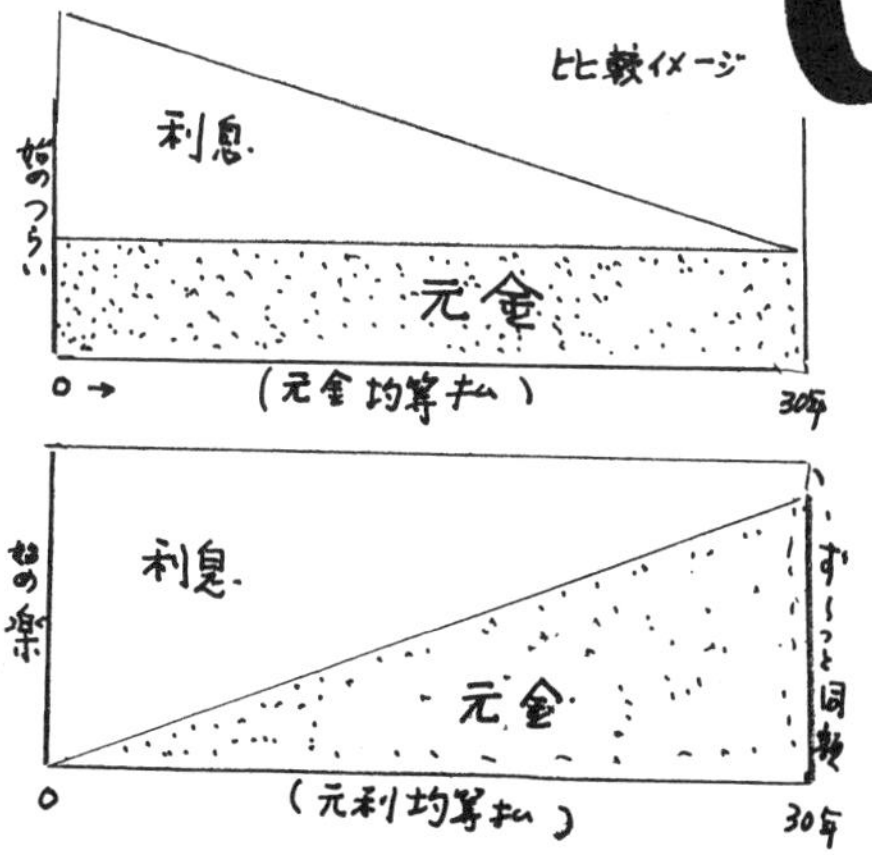

第七話　投機の恐さ

若い頃、株式相場に手を出しました。証券会社の社員さんが訪問してきたり、電話をかけてきます。私は株式相場については素人でしたので、証券マンの話がウソにしか聞こえませんでした。そこでA証券の証券マンの「お勧《すす》め株《かぶ》」を、B証券で「空売り」してみました。案の定暴落し私は儲けました。何度か同じ方法でやってみたら、確実に儲かりました。まったく証券マンを信用しなくなり、やがて自分で考えて動くようになり、一時期はおもしろかったのです。

でも十勝しても儲けは損に比べると実に小さいものです。損をし始めると損をカバーしようと※ナンピンをしたりパッチをはいたり、結局十勝一敗でトントンで、十勝二敗で大損となります。一度こりて相場から手を引いたのに、十年位後にまた証券マンに勧められて大損してしまいました。まったく情けない思い出です。歴史的にも相場師で生き残った人はいないのです。

※ナンピン…予想に反して相場が騰貴したり下落したりしたときに、売増しや買増しをして平均を調整し、損勘定を回復しようとすること。（広辞苑より）

相場で儲けることは出来ません

第八話　お金の貯め方、増やし方

「一羽のにわとりを十羽にし

十羽を百羽にして子牛にかえる

牛を育てて百頭にし

牛を田と取り替え、やがて田を十枚に

そして大きな田に替えていく」

私の近所にその逆をした人がいました。

大地主であった彼は、牧場を始めるのに田を牛に替えました。やがて牧場に失敗し、養鶏《ようけい》を始め、最後には全部無くなりました。

貯金も初めは少しづつです。コツコツ働くのです。しかしいつまでも同じ方法ではダメです。一段づつステップアップしていくのです。

店の多店化や集約化、その繰り返しのなかに、資産の増やし方のコツを見るのです。

鶏《にわとり》を牛《うし》に
牛《うし》を田《た》に
大きく〳〵
まとめてゆく。

第九話 前金商売

商売の神様と言われた阪急グループの創設者小林一三氏は、阪急電鉄や宝塚やホテルやデパートなどと次々に事業を成功させましたが、彼は必ず前金をもらうことを信条として、電車に乗る前にキップを売り、劇場に入る前に代金をもらい、ホテルも前払いにしました。

唯一デパートだけが現金売りでしたが、それすら失敗であったと言っておられたとのことです。

ましてや売掛金やつけ売り、手形商売など彼の哲学からみれば、下の下の商売と言わざるを得ません。

不渡手形をつかまされて、倒産していった会社を数多く見てきました。

手形商売は一番恐ろしい。なぜ手形取引が続いているのでしょうか?

前金で売れ！
現金で売れ！、
手形取引に
明日は無い。

第十話　やる気こそ財産

「物や金など道具に過ぎぬ。
失ったところで何も失ったことにはならない。
健康を損《そこ》なえば五十％（半分）失ったことになる。
でもやる気を無くしたらすべてがゼロになる」

お金はいつか取り返せます。健康は人によっては戻らぬ場合もあります。やる気は本人の自覚で、目標さえ見失わなければ、決してあわてることではありません。

自分の人生の目標をしっかり立て、それに向かって進むとき、病気や失敗や災難に遭《あ》うときがあります。

そんな目にあっても、やりぬく気持ちさえあれば、少し遅くなるだけで必ず到達するものです。お金は「便利な道具」に過ぎません。

物や金を
失っても
何も失った事にならぬ。
「健康」と「やる気」
さえあれば良い。

第四章

事業選び場所選び 士農工商

第一話　士・農・工・商

徳川時代、家康や家光はすごい身分制度を確立したものです。それが士農工商で、ある意味すばらしい発見と発明だと思います。

人間は頭の良い人、体力のある人、腕が器用な人、度胸や愛嬌のある人に区分できます。その区分を士（＝頭）、農（＝体）、工（＝腕）、商（＝胸）にあてはめたのです。

現代においても学校で勉強のできた人は、官僚《かんりょう》や先生や政治家や弁護士、博士の士業に就《つ》くのが良いでしょうし、体力のある人はスポーツや農林水産関係の仕事に向《む》くし、大工さん、建築関係、料理、美容等、職人さんは腕の良い工向きであり、男は度胸《どきょう》に女は愛嬌《あいきょう》。商人やサービス業はお客様相手の仕事に向いています。向いている仕事に就けることは幸福であり、上達が楽なのです。

士〝頭脳〟
農〝体力〟
工〝技術〟
商〝心〟
どれかを選択
どれかに向いている

第二話　読み書き百石　知恵千石

仕事のなかで一番儲かる商売は、頭を使い頭《あたま》を貸す商売です。昔の人は「読み書き百石、知恵千石」と言いました。大名の一万石にはおよびませんが、千石とはすごいことです。

「読み書き」ができるとは、役人や官僚、学校の先生等の収入で百石は大変恵《めぐ》まれた立場です。

いずれにしても「知恵」を売ったり貸したりすれば、千石取りになれると言うことです。

現代では医者、弁護士、コンサルタント、大会社の社長、司会者、芸人等々。頭や知恵で生き抜いておられます。

知恵（頭）を
貸す商売が
一番儲かる

読み書き100石
知恵1000石

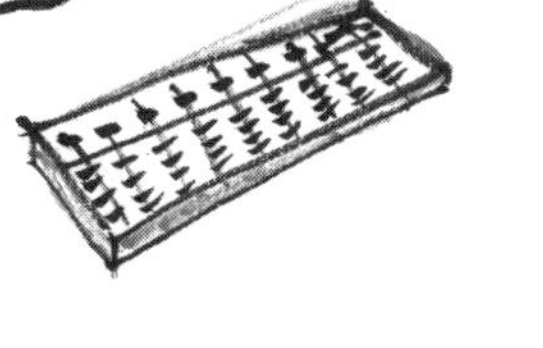

第三話 生きもの相手の商売

逆に一番つらい商売があります。それは「生きもの」相手の仕事です。養鶏《ようけい》・養豚《ようとん》・牧畜・金魚・養殖・ペットショップ、どの生きものにも餌《えさ》を与え世話をせねばなりません。

家族で一週間ほど休みをとって旅行に行くことなどほとんどできません。それに病気です。鳥インフルエンザや狂牛病などが発生すると全部を殺処分せねばなりません。リスクが高く、仕事もきつく大変なお仕事です。

もっともっと評価されて価格アップすべきだと思いますが、現実は厳しいようです。

ペットも外見可愛く、人々に癒《いや》しを与えてくれる「大切な生きもの」ですが、病気やしつけや食事の世話など、休む暇も無いと覚悟して携わるべきだと思います。

老人相手のお仕事もひょっとしてこの区分でしょうか？

「生きもの」相手の商売は
覚悟しないと
大変ですよ

第四章　事業選び場所選び　士農工商

第四話　となりの商売

世の中が変化し、儲かっていた商売もだんだんと先細りとなって来たとき、人は別の商売をさがします。そして大部分の人が再び大失敗をして倒産や行き詰まりを見せます。たとえば、繊維やメガネ工場が悪化して、さらに、飲食業や運送業に手を出してダメになった人や、転業や副業でダメになる例をいっぱい見てきました。失敗の原因、それは畑違《はたけちが》い過ぎることだと思います。

成功のカギは、本業でつちかって来た技術・ノウハウが生かせるかどうかです。呉服の老舗が和の文化と称して、うどん屋をやって失敗したのを見たとき、衣と食の違《ちが》いの大きさを感じました。製造業と卸と小売も異なるのです。

儲かると思って異なる商売に手を出すのは危険です。呉服屋さんは顧客管理の能力や販売技術力・接客力を生かせる業種が良いと思われますし、製造業はものづくりのノウハウを生かすと良いと思います。

転業、副業は
となりの
商売をやれ！

第五話　時流適応業

どんな商売が儲かりますか？　とよく問われますが、昨日まで儲かっていた商売が明日も儲かるという保証はありません。世間が騒ぐ頃にはもうピークは過ぎているものです。

世の中はどんどん進化し変化しています。自分も進化しなければ滅ぶのです。

今のチャンピオンを追い越すには、マネをしているだけでは無理です。それより五年、十年先を見据《みす》えて、変化を先取りすることだと思います。

コンピュータ社会やデジタル化社会を見通して大成功した人や、カジュアルウエアで大儲けをした人達は、時流をうまくつかんだのです。

ある意味、変化こそチャンスであり、小企業が大企業に勝てるのは、時流に適応する能力の差だと思います。今の成功にあぐらをかくことなく、時流の変化に気を配り続け、**毎年二十%づつ新商品を投入する**べきだと思います。

時《じ》流《りゅう》適《てき》応《おう》
恐《きょう》竜《りゅう》は出来ず。
人間は生き残った。
大会社も小会社も
適応せねば。

第六話　土地を買うときの注意

売土地の情報や不動産屋さんの紹介で土地を見にいったときの留意点です。

一、不動産屋さんには隣地との境だけを聞いて、それ以上の話を聞かない。

（相手は売る為に都合の良い事のみをしゃべるので、一切聞かない方が良い）

二、雨の日の夕方、夜中、寒い朝、悪天候の日に一人で見に行く。

三、素足でその土地に立つ。（温かさを感じるか、暗さや冷たさを感じるか）

四、胸がわくわくして来るかどうか。

五、前の所有者や使用者がどうであったか、近所の評判を聞く。（縁起）

価格が安い土地には何らかの理由があるし、土地に「掘り出し物」は絶対ありません。

よっぽど惚れた土地を求めないと、次に売るときに大損するか苦労をします。

土地は
一人で
夜中と雨の日に
見に行くこと。

第七話　競売物件

裁判所の競売物件を、直接ではないが頼まれて買うことがあります。安いと思って買ったけど失敗で運を喰《く》われました。よく競売物件を専門的に取り扱っている不動産屋さんの話を耳にしますが、私の知る限り、全員末路が良くなく、早死、夜逃、倒産、病気と不運におそわれています。競売物件にはできるだけ手を出さない方が良いと思います。

おそらく競売にかけられた債務者の涙か未練かうらみが、買った人に乗り移るのではないでしょうか。

また、目に見えない貧乏神が競売物件に住みついていて、買った人や仲介した人にピターッとくっつくのではないでしょうか。

それと、掘り出し物と思って自分で土地や建物を買うのも中止すべきです。

競売物件に手を出すな

第八話　売れない財産

好立地はどんどん変化します。

昔繁栄した商店街が、いまやシャッター通りと化し、売りたくても誰も買ってくれません。山奥の山林も農地も誰も買ってくれません。毎年税金を払い続けていても、先の見込みは立ちません。

こんな土地を財産と言えるのでしょうか。

少子高齢化社会において、土地神話は消え、この十五年間デフレの進行と共に土地は値下がり続けています。

土地は財産ではないと思い、所有より使用を目的としてバランスを考えるべきです。

いずれ好立地は変化するので、移動や転居、転売を考慮して「良い土地」「良い立地」へと身軽に動けるよう**契約書にも**盛り込んでおきたいものです。

好立地は変化する
いつでも移動
出来るよう
身軽く

所有価値より
使用価値

第九話 「無し」の恐ろしさ

現代では露店商のことですが昔はペテン師、サギ師のことを「やし（香具師）」と呼んでいました。やしは、言葉たくみで、相手にするとつい騙《だま》されてしまい、変なものを高額で買わされることが多いのですが、ひっかかるのはこちらにも欲があるからです。

しかし「無し」はもっと恐ろしいのです。

お金だけではありません。「人情無し」や「義理無し」「羞恥《はじ》無し」の「無し」にひっかかると、手も足もつけられなくなります。

こちらの善意を悪用し、金をだまし取ったり、借金を踏み倒したりします。

もともと「無し」に慣れている人たちです。平気で人のものを取っていきます。

「無し」に引っかかったら、取り返そうとせず、二度とつき合わないよう遠ざかることです。

や《ハ》し（香具師）に
引っかかっても
な《七》し（無し）に
引っかかるな

露店商

第十話　断わる勇気

ヘルパーさんが言っておられた言葉を妻が聞いて感動していました。

「ものはほどほど腹八分『いや!!』と言えたら一人前」

食事だけでなく、人間の欲望を腹八分におさえることの大切さ。

それと「嫌なこと」や「やりたく無いこと」を頼まれたとき、なかなかイヤと言えず引き受けてしまって、後で後悔することがなんと多いことでしょうか。

保証人を頼まれたら断わる勇気、政治家や町内会長に推《お》されても断わる勇気、嫌《いや》なことは「いや」と言えて一人前の大人なのです。

物はほどほど
腹八分
「い、や、〳〵」と
言えたら
一人前

第五章

社長心得

第五章 社長心得

第一話　社長とは旗印《はたじるし》

十万人の会社も五人の会社も社長は一人です。

役割も責任も大小はあっても同じです。

社長は、会社の方針・方向を定め人事を固め、会社を守り、社員を守り、利益を上げなければなりません。

そのなかで一番大切なことは「**御旗を立てること**」です。

会社の大義、会社の目指す目標、会社のキャッチフレーズです。

「大きな旗印」すなわち、お客様の生活の〇〇の向上のために「我社はこうする」と言うキャッチフレーズです。

この旗を立て、社会に貢献しようと願う熱意がすべての原点です。

燃《も》える想い、やりぬく決意が周囲の人々を動かし、やがて成長へのプロセスが誕生します。

「大きな旗印」
（キャッチフレーズ）を
かかげるのが
社長の第一の
仕事です。

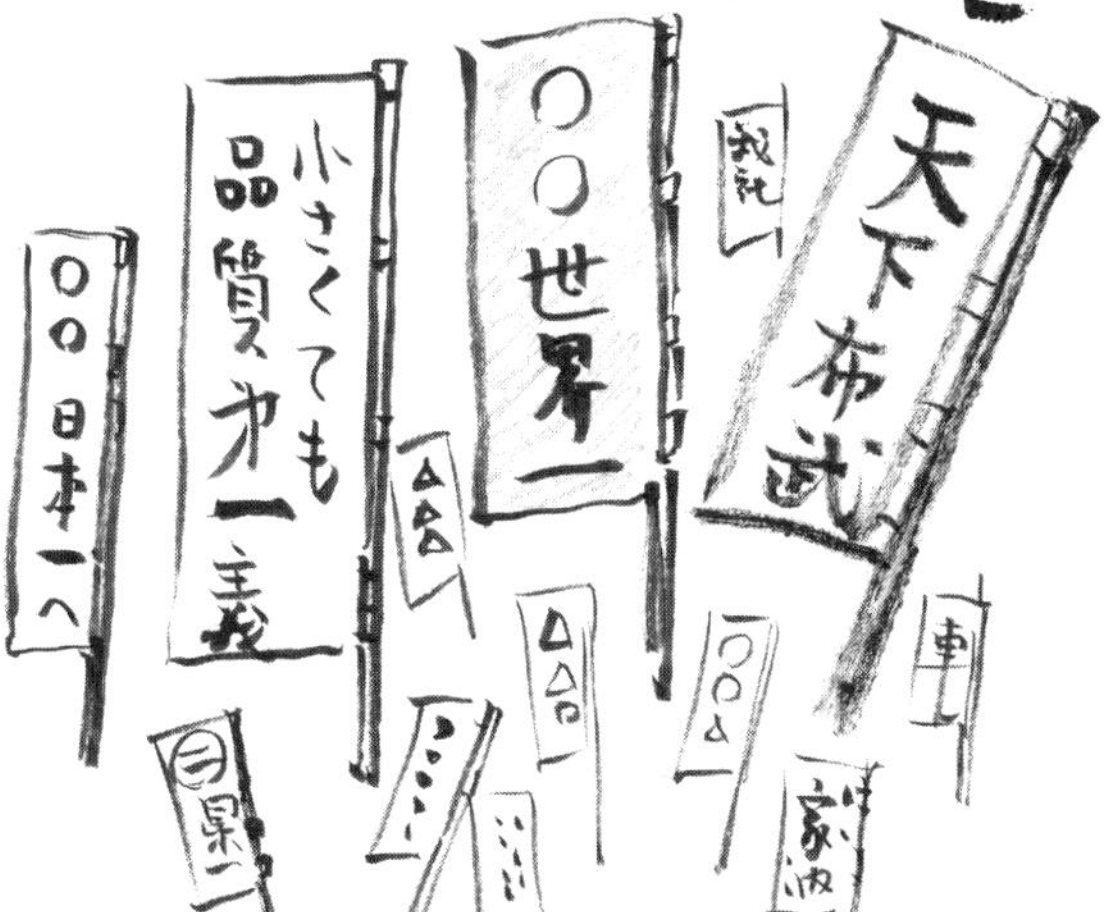

第二話　お客様本位

『**店は客のためにある**』。この言葉は商業の原点です。

お客様が求めておられることは次の二つです。

一つ　安心《あんしん》

二つ　ご利益《りやく》　です。

うそやにせものの多い社会にあって、お客様は不安です。それに対し、お店の信用、ブランドの信用が安心を生み出すのです。決してうそをついたり誇大広告をしてはなりません。

次にお客様は一銭でもムダにしたくありません。額《ひたい》に汗を流して得たお金を最大限有効に使いたい！　それゆえ、他店よりそのお店の方がお得《とく》（ご利益《りやく》）であれば来てくださいます。そのためには経費をおさえ、知恵をしぼってお客様にご利益を提供せねば、お客が離れ、店は潰《つぶ》れます。

千客万来の店を目指したいですね。

「ご安心」「ご利益」を
求めて
お客様は
動く

第三話　軍師と大将

関西地方では、経営トップのことを「大将」と呼びます。

「大将」は外にあっては、よき「軍師」を求めねばなりません。

自分自身は体力、気力を養いながら、「軍師」の意見を素直に聞き、先頭に立って働かねばなりません。

先頭に立って働いていると、お客様のニーズの変化を感じとる直感力、部下への気配り、周囲の人への配慮《はいりょ》などが自然と身につくものです。

かつて「ホリエモン」と言う天才商人がいましたが、周囲の意見を聞かず失敗しました。

ミキタニは「気働き」が上手でした。それだけの違いでした。

よき軍師を
求めよ
そーして自ら
先頭に立って
働け

気力
体力

気働き

第四話　社長の資質

商人の道具は商品やお金。それゆえ、お金を求めるのは自然です。しかしお金はあくまで道具です。

もし商売や事業の目的に金銭しか浮かばないのであれば、その人は事業をやってはなりません。お金儲けが目的の事業は、根無し草です。いつかは滅び倒産します。

また道具の扱いを知らない人も失格です。金銭音痴《おんち》の人に事業は無理です。

お金と言う名の道具をきちんと扱える人、その第一歩が貯蓄《ちょちく》です。

脱サラして事業を始める方がよくありますが、「営業がうまい」「工事の段取りがうまい」「技術が有る」と言うことだけで事業を始めても、サラリーマン時代に貯金力の無い人に成功は望めません。

できれば自分は副社長になり、しっかり者の奥さんが社長になる方がうまく行くように思います。音痴《おんち》はいくら練習しても音痴《おんち》なのです。

金《きん》銭《せん》音《おん》痴《ち》は事業に手を出さないで下さい。

第五話　損したときは捨てろ

いくらカンを働かせ頑張っても、「損」するとき、失敗するときがあるものです。大切なのは「損」した後の行動です。

誰でも損は嫌いですから、博打《ばくち》でも相場でも、勝つために再挑戦、再々挑戦、再々挑戦と、際限《さいげん》無く入れ込み、最後は裸どころか借金まみれになるものです。戦いに勝敗あり、商売に損得あり、成功もあれば失敗もある。それゆえ、損をしたときは取り返そうと思わないことが一番大切なのです。

「損したときは取り返すな！　捨てろ！」

一歩後退し、次の二歩前進の策を練《ね》ることです。

今まで見た中で一度の損で潰《つぶ》れたところは無いのに、取り返そうとして二度目、三度目の損で潰れたところは数多くあります。

「損も又楽し」と笑い飛ばすこと。損は、天からの「休め」か「後退」の信号です。

損は捨てろ
決して
取り返そうと
思うな

八転九起

第六話　事業と屏風《びょうぶ》

関西人は儲け過ぎをいましめています。

長い苦労の末に「成功のビジネスモデル」を確立すると、人はうれしくてつい調子に乗るものです。

とくに銀行や金融機関は敏感ですから、次の拡大資金は「当行におまかせあれ」と群らがってきます。求人も有名大学から応募があり、あれよあれよと好循環《こうじゅんかん》が生まれます。人材に恵まれると、どんどん良いことが起き、決算も増収増益が続きます。

しかし「好事魔多し《こうじま》」で、いつまでも続かないのが世の中です。お客様のニーズは変化し、ライバルにアイディアは真似られ、社員は楽勝ムードのまま緩《ゆる》みが生まれ、気がついた頃には悪循環《あくじゅんかん》に取りつかれてしまうものです。

拡大は誰にでもできます。しかし撤退《てったい》には犠牲《ぎせい》や血が流れます。屏風は広げ過ぎると倒れます。事業も広げ過ぎない節度が大切なのです。

事業と屏風《びょうぶ》は
広げ過ぎると
倒れる

第七話　真の利益は無形

経営者は成果を問《と》われます。

その数字は税引後《ぜいびきご》いくら利益をあげたか？　決算書に表示されます。

税は数字上の利益にのみ課税しますが、人材が何名か育っていても、社会的知名度がいくら上っていても課税できません。

真の財産はお店や会社の信用であり、それを総合したのが「のれん」です。

いくら決算書に土地や建物や機械や設備や在庫や売掛表が計上されていても、いざとなればほとんど価値がありません。

会社のなかで一番大切なのは人材ですし、社員の躾《しつけ》や明るい社風です。

真の経営者はこれら無形の財産にこそ着目し、独自のシステムを確立するのです。

人材・信用

知名度・のれん

社風・システムこそ

真《しん》の財産《ざいさん》

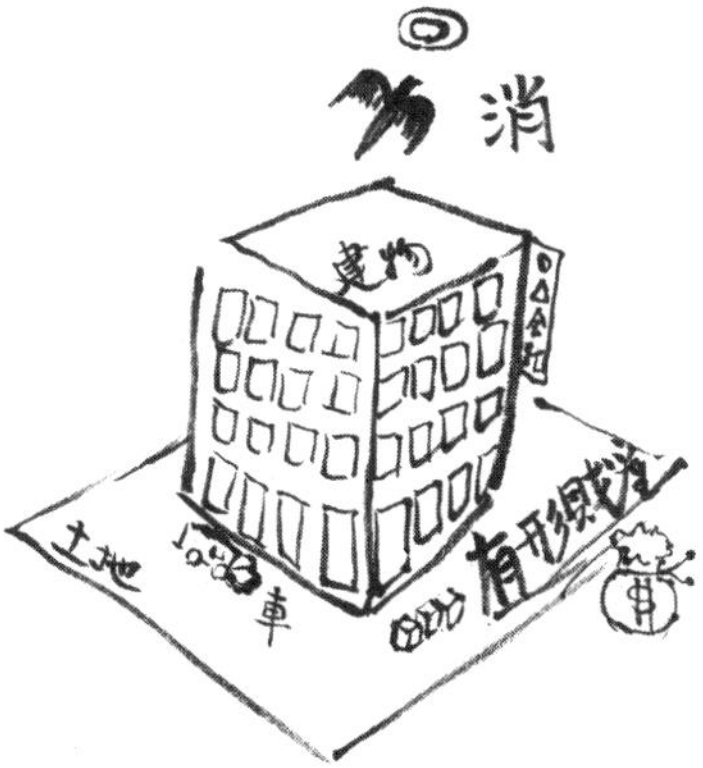

第八話　飯たきのための飯たき

働く人のために飯たきを雇う。これは必要なことですが、いつの間にか「飯たき」が強くなり、「飯たきのための飯たき」を雇うことがあります。

さらにその繰り返しが起これば、「飯たき」に会社を食い荒らされます。たとえば、総務や裏方は現代の飯たきです。

会社全体の非生産部門のサポート社員は二十%以内が目安だと思います。

昔イギリスの植民地が次々と独立し、植民地がどんどん減ったとき植民地の人間の数はどんどん増え続けたそうです。日本でも小学生、中学生の数がどんどん減少しているのに、教育委員会と先生の数は減らないそうです。

倒産した有名ブランドの会社も売上減なのに、デザイナーや総務や倉庫係の人数は増え続けました。

直間比率《ちょっかんひりつ》のバランスが大切ですね。

社員の為の
社員を雇《やと》うな
飯たきの為の
飯たきを雇うな

親の意見と
なすびの花は
千に一つの徒《あだ》は無し

第九話　身を美しく

身を美しくと書くと躾《しつけ》と言う文字になります。

どんな美人も躾のできていない娘では、お話ししたり、あいさつしたりしたときがっかりします。

会社ではいろいろ教育しますが、躾《しつけ》までは教育できません。

これこそ親の責任です。

化粧の仕方やおしゃれの仕方に熱《あつ》くなっても、あいさつの仕方や物の受け渡し、会話や歩き方、食事の仕方など、親が小さいときに教えないと二十歳《はたち》過ぎの女性に教えるのは実に難しかったことを思い出します。

採用する者としては入社前に一番チェックしたい点ですが、採用試験ではみな上品に振舞うのでなかなか見分けられませんでした。

男性も背すじを伸ばし、きちんと相手の目を見て話す人は信頼されます。

美しい身ぃ躾《しつけ》
最高の美しさは
化粧よりファッションより
躾《しつけ》です。

第五章 社長心得

第十話　いつまでもあると思うな

『いつまでもあると思うな親と金、無いと思うな火事と災難』

昔の人は、世の中が刻一刻と変化することを教え、災難に対する準備を怠《おこた》らぬよう注意してきました。

うるさい親爺《おやじ》もいつまでも生きてはいません。親爺《おやじ》が生きている間は、息子はどこかで安心しているものです。別に親を頼《たよ》っている訳《わけ》ではありませんが、どこか心の拠り所にしています。

また、貯金をしっかりしていて、利息だけでも暮らしていけると思っていたら、アッと言う間に裸（無一文）になったケースを歴史は教えています。「安全で安心な社会」を人は求めますが、それはいつか崩れます。それより前進、前進を続けると自転車も倒れません。

火事や災難、事故やケガは、いつ襲って来るかも知れません。それを心にとどめ経営のハンドルを握《にぎ》ることが大切だと思います。

いつまでも
あると思うな
親と金
無いと思うな
火事と災難

第六章

経営実務

第一話　長所をのばす

経営実務とは、具体的に業績をアップさせることですが、やり方は会社によって異なります。売上を上げて収益を増やすには、その会社の強味《つよみ》をのばすのが一番効果が上がりますし、人間も長所をのばすのが一番だと思います。

人の個性は、欠点とも逆に長所ともとらえる方法があります。

学校の勉強はできないけど、家の手伝いをよくやる子は、勉強より家の手伝いを頑張れば良いと思います。行動の早い人は思慮が足りないと言われるかも知れませんが、行動力が長所ですから、そこをほめてのばすべきです（欠点を直せ、欠点を直せと小学生の頃から先生に叱られてきましたが、その先生の言うことを聞くより、ほめてくださった先生が好きでした）。

ただし、怠《なま》け者とうそつきだけは、長所としてのばしてやることができませんでした。

長所をのばせ
自分の長所を
ほめて伸ばせ

第二話　低賞感微

経営とは人間の営みです。

「**実るほど頭《こうべ》をたれる稲穂《いなほ》かな**」の言葉通り、頭を低くして生きることです。

次に周囲の人を賞讃する（ほめる）こと。

感謝と感動それに微笑（ほほえみ）です。

いつも心の中にこの言葉を念じてきましたが、うまくいかないことの多い人生でした。

とても難しいことですが、経営で上に立つとき、覚《おぼ》えておいて欲しいことばです。

低い腰
賞《ほ》める目
感謝の心
微笑《ほほえみ》の口もと

低賞感微

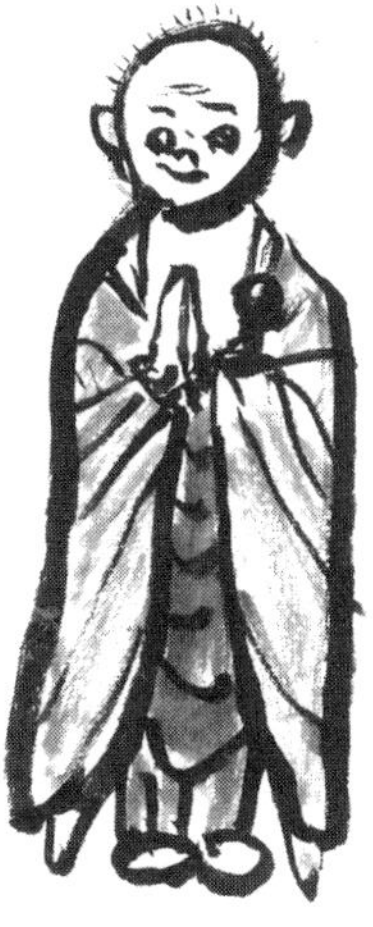

第六章 経営実務

第三話　店格・ブランド

「安売り」は目的ではありません。手段としても大義の無い安売りはしてはいけません。

他《よ》より高く買えば（仕入）良い品が入荷します。

他《よ》より安くお値打ちに売ればお客が集まります。

しかし、その分経費（人件費）をおさえないと採算がとれません。

『良い品を安く売りたい』。このテーマは永遠に到達しない幻想《げんそう》であり矛盾《むじゅん》なのです。

ならば価格優先の「安売り哲学」か、品質優先の「ブランド哲学」に徹するしか道は無いのです。店格やブランド力は、十年、二十年、三十年の歳月をかけて築《きず》かれるもの。一方「安売り」は一気に百億円、千億円の企業に発展可能です。

世の中の「小さな力の弱い店」を潰《つぶ》して発展する安売り屋の姿は好みません。地球上の資源を大切にし、高品質少量販売が可能な「店格」こそ目指して欲しい目標です。

一品一品に
自分の印鑑を
押して
造り 売りたい。

第四話　法度《はっと》（させてはならぬこと）

会社を長続きさせたかったら勝手に伝票やシステムやマニュアルを作らせてはなりません。

会社の維持とは「仕組み」です。システムや伝票は「仕組み」で、これが乱れると必ず潰《つぶ》れます。

勝手な仕組みを作らせない、これが「法度（ルール）」の第一歩です。

次が「**売価決定権**」に関する社内規定です。

就業規定や労務に関する法的規定はどの会社にもありますが、「売価決定権」が案外ゆるく、値引がひどいと信用にひびく恐れがあります。

徳川家が長続きしたのは「仕組み」と「法度」があったからです。

会社とは仕組《しく》です。法度《はっと》を定め守らせることです

第五話　会議

『会《かい》して議《ぎ》さず、議《ぎ》して決せず、これを怪議《かいぎ》と言う』

会議とは結論や決定をするために集まり、議論するためのものですが、世の中の会議の大部分は結論が出ているものを形式的に全員で賛成したと言う形式にしているだけのものです。

官公庁や大会社はそれで構いませんが、民間や中小企業ではムダです。

議論の必要が無いのであれば、リーダーからの「説明会」や「勉強会」にすれば良いし、販売企画やアイディアを求めるのであれば五名以内でやるべきです。

コーヒーを飲みながらの会議の中味の大部分は雑談です。

会議時間は短いほど良いし、できれば立って行《おこな》いたいものです（ただし五十歳未満）。

『会議』と言う呼び方を使わない方が良い。

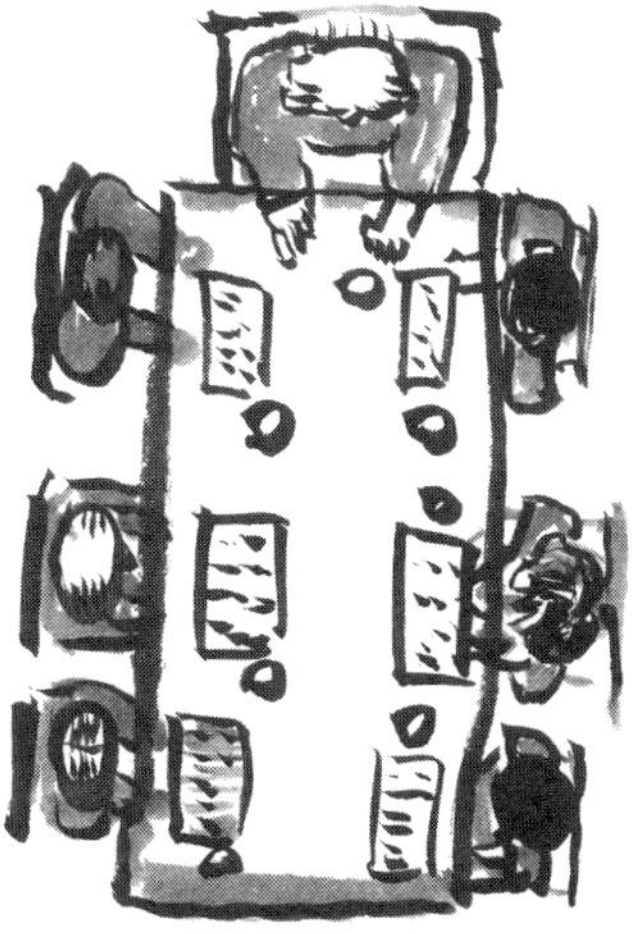

第六話　上から二つの数字

数学の発表のとき、億から円まで読み上げる人がいます。しかも伝える本人は紙を見ないと言うことができない。こんな伝わりづらい発表を聞かされている方がわからなくなる。

それより数字は上二ケタあれば充分で、九十九％把握《はあく》できます。

逆に経営者や役員は上二ケタの数字はいつも頭の中に入れておくべきです。

社員も店長や課長が数字でしゃべると数字でしゃべれるようになりますが、数字を使わなくなると「いっぱい」「少ない」「すごい」「暑い」などの言葉がふえて、対策がどんどん後回しになるものです。

売上・原価・経費・在庫等、上二ケタが言えない役員は、役職を降りた方が本人のためにも会社のためにも良いと思います。

経営者は上2ケタをつかんでいること

第六章 経営実務

第七話　借入限度額

運転資金や設備資金を銀行から借りるとき、銀行は思った以上に貸してくださいます。ついつい余裕資金のつもりで多めに借りることが多いものです。ですが、借入金にも法則があります。

売上高の三ヵ月分以内　＝青信号
売上高の五〜六ヵ月分以内＝黄信号
売上高の九ヵ月分　＝赤信号（倒産寸前）
売上高の一年分　＝ほとんど倒産

売上はいつも変動します。上り調子のときは黄信号だった六ヵ月分の借金が、売上が上った為に三ヵ月分に改善されますが、下り坂のときは六ヵ月分以内であったものが、売上低下で九ヵ月分もしくは一年分となり、倒産に追い込まれるのです。インフレ時代とデフレ時代はまったく逆になりますから、今の時代は借金はひかえ目にした方が良いと思います。

売上の3〜5ヶ月分以上の借金は危険

第六章 経営実務

第八話　取引マナー

『買ってくださるお客様』に対しては注意を払い、ていねいに接客するのに、仕入先や経費先に横柄《おうへい》な態度をとる会社が多々見られます。

「買ってあげているから当然」と思っているのかも知れませんが、大変な間違いです。原材料や品物が無ければ自らの会社も成り立ちませんし、マナーの悪い人は業界からもつまはじきにされるものです。

商人にとって仕入れは真剣勝負です。仕入額を決め決済条件や納期を決めるために、時としてケンカ腰になることも仕方ないですが、一度約束したことはどんなことがあっても守るべきです。支払いの段になって値引き交渉なんて最低です。

支払いは一円単位まできれいに払うこと。

「きたなく買って、きれいに支払う」

量は少なくてもマナー（返品をしないなど）を守る人には良い品物が廻ってくるものです。

イヤな交渉《ケンカ》は
先にしろ！
約束は守れ！
一円まで払え！

第六章　経営実務

第九話　ゲームオーバー

借入限度額を超《こ》えても、借金してお金さえ廻れば一応倒産はまぬがれます。そうやって綱渡《つなわた》りをやりながら態勢《たいせい》を立て直し生き返った会社もたまにはありますが、大部分は傷口《きずぐち》をさらに悪化させ、どうにもならなくなって倒産します。銀行に相談してまったく相手にされなかったら、もうゲームオーバーなのです。

こんなとき、いかに上手に終戦処理に入るかがカギです。街金融《まちきんゆう》に手を出していると始末がつきません。ゲームオーバーしたって、一度きちんと清算して周囲の協力を得れば再起は可能です。何もそんなに悲痛になることはないのです。銀行だって、問屋だって、保険をかけてリスクを分散させていますので、きちんと清算させていれば後始末も早くなります。

ここで言いたいのは、決して「逃げない」ことです。社長が逃げると債務者はほんとうに困ります。どうか自らの再起のためにも逃げないでください。

銀行に相手に
されなかったら
一度リセット
しよう。
ゲームオーバーです

第十話　良い店はいじるな

店が十店あれば一位から十位まであります。

ここで守らなければならないのは、上位三店は決していじらない事です。

建物も人事もいじってはなりません。中間の四店は少しだけいじってもできるだけ小幅《こはば》な改修にとどめるべきです。それより悪い三店に全予算を投入し、黒字化を図《はか》ったり増収を図《はか》ったりせねばなりません。

大部分は工事より人事に問題があり、責任者を入れ替えるのが一番効果があるのですが、人情面でもまた後任の人材面でもなかなか入れ替えできません。

冷静に考えれば経営の実務とは「目的の収益の確保」です。

どんな場合においても、悪い店を直し、良い店をどんどん応援するのが基本です。

決して良い店をいじらないでください。

良い店は
いじらないで
下さい。

第七章

経理

第一話　経理に始まり経理に終わる

社長さんのなかには、売るのが上手な営業タイプ、技術力のあるタイプ、職人タイプで経理が苦手と言われる方がいっぱいおられます。そして、外見儲かっていそうなのに、案外利益があがっていないケースが多いです。

「経理は女房にまかせているので……」とか、「決算書とか、数字に興味が無くて……」とおっしゃいます。会計事務所に任せ放しで、毎月の試算すらしていない経営者が多いのに驚きます。スピードメーターも燃料メーターもなしで（感覚で）車を運転しているようなものです。経営計画書やグラフは地図やナビと同じ働きをしていますが、せめて自分の会社が地図の中のどこにいるのかは知っていたいものです。

儲かっている会社、伸びている会社、長続きしている会社には必ず経理に強い人がおられます。

売上はもちろん大切ですが『経理』は要《かなめ》です。

会社経営には
スピードメーターや
燃料メーターが
必要です。
経理はメーターです。

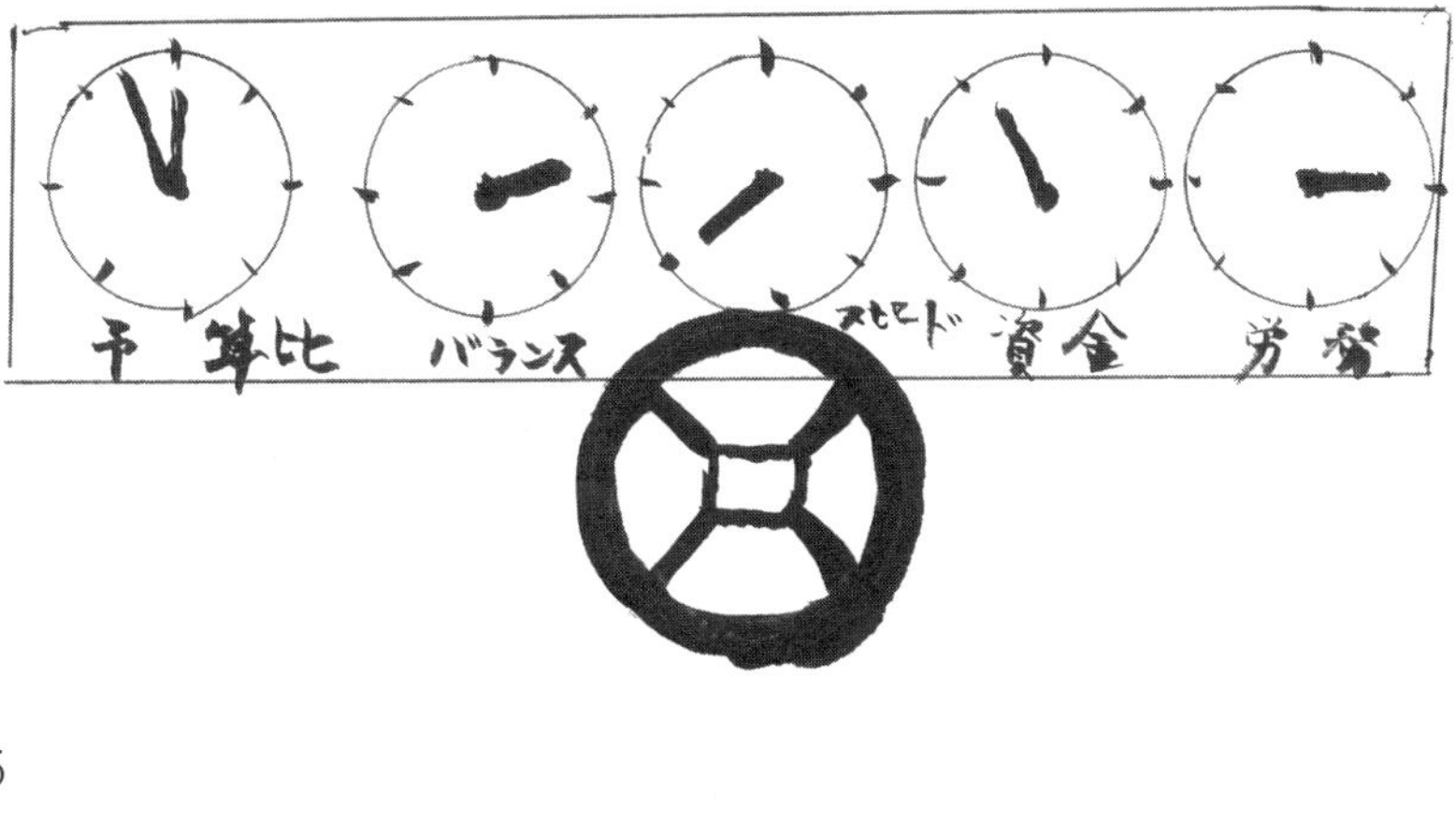

第二話　見える化

経理の役割は「見える化」です。

経理課と言うと何だか頭の良い人が課長さんでおられるように思われますが、名称を「見える課」と改めるか「メーター課」「計器課」と改めた方が良いと思います。

社長が会社の操縦をするうえで、データや計算書が判断の重要な材料となります。それが図表やグラフで表現されていれば、社長は問題の熱いうちに即断即決することが可能となります。

それを会計事務所に任せているようでは半年か一年前の資料しか手に入りません。

経理の一番重要なお仕事は、前日までのデータが即グラフに反映できるような仕組みを作り出すことです。

最低限でも、前月のグラフが当月の初日（一日）の朝には社長の机の上に乗っていなければなりません。それが「見える化」です。

グラフと図表『見える化』こそ経理の仕事

第三話　社長の為の経理

社員の給料計算や仕入れ、経費の支払い、仕訳やコンピュータへの入力が経理の仕事だと思っている人がいますが、それは仕事のなかのほんの一部です。

会計事務所や銀行に言われて書類を作成するのに追われているところもありますが、それは間違いです。

利益の二分の一は国や県や市への税金となります。税金に誤りが無いようにと、伝票や帳面の整理や預金残高の突合や入金確認などの仕事はありますが、そんな事は二次的な仕事だと言うことを認識《にんしき》しなければなりません。

経理の本業は社長の為のメーター係です。社長が○○について知りたいと言われたら即答できるか、もしくは前もってデータ化しておくことが仕事です。

社長にとって必要なメーターの、**①が損益計算書**、**②が貸借対照表**、**③が資金繰り表**ですが、三年分のグラフが無いと比較できませんし、目標対比が必要です。

経理係は
社長の為に
存在する

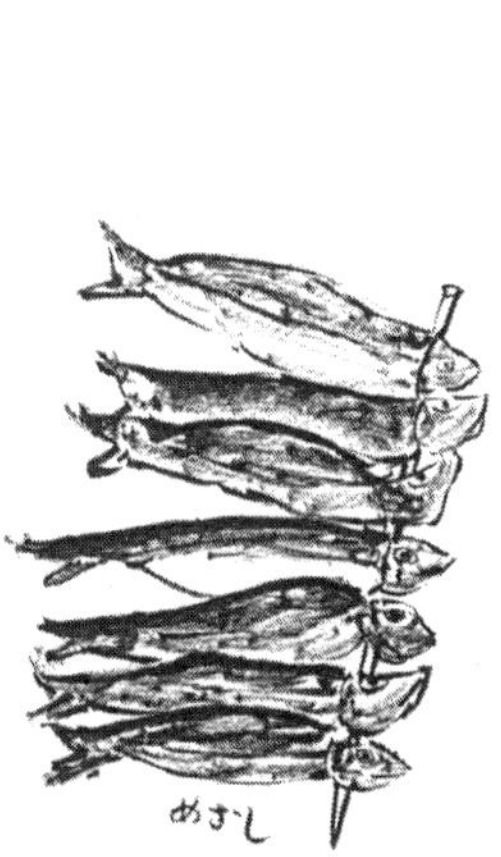

第四話　移動累計グラフ

「見える化」のなかで一番重要なグラフは移動累計グラフです。

十二ヵ月分の合計を毎月計算してグラフ化することで、会社の方向性をつかむことができます。

前年同期比も大切ですが、このグラフを継続《けいぞく》することで、波やうねりが予測でき、次の対策もうてるのです。売上や仕入や経費の前年対比、目標対比は折線グラフが向いているし、個人別成績は棒グラフが向いているし、構成比などは円グラフが向いていると思います。

倒産の**四大原因**は、

①「**売上不振**」、②「**貸倒れ**」、③「**不良在庫**」、④「**経費の過大**」です。そのいずれもがグラフ化できますし、警報《けいほう》や注意報を出すことができます。会社を潰さないために経理が蔭で働くのです。

グラフの中で
移動累計グラフが
一番役に立つ

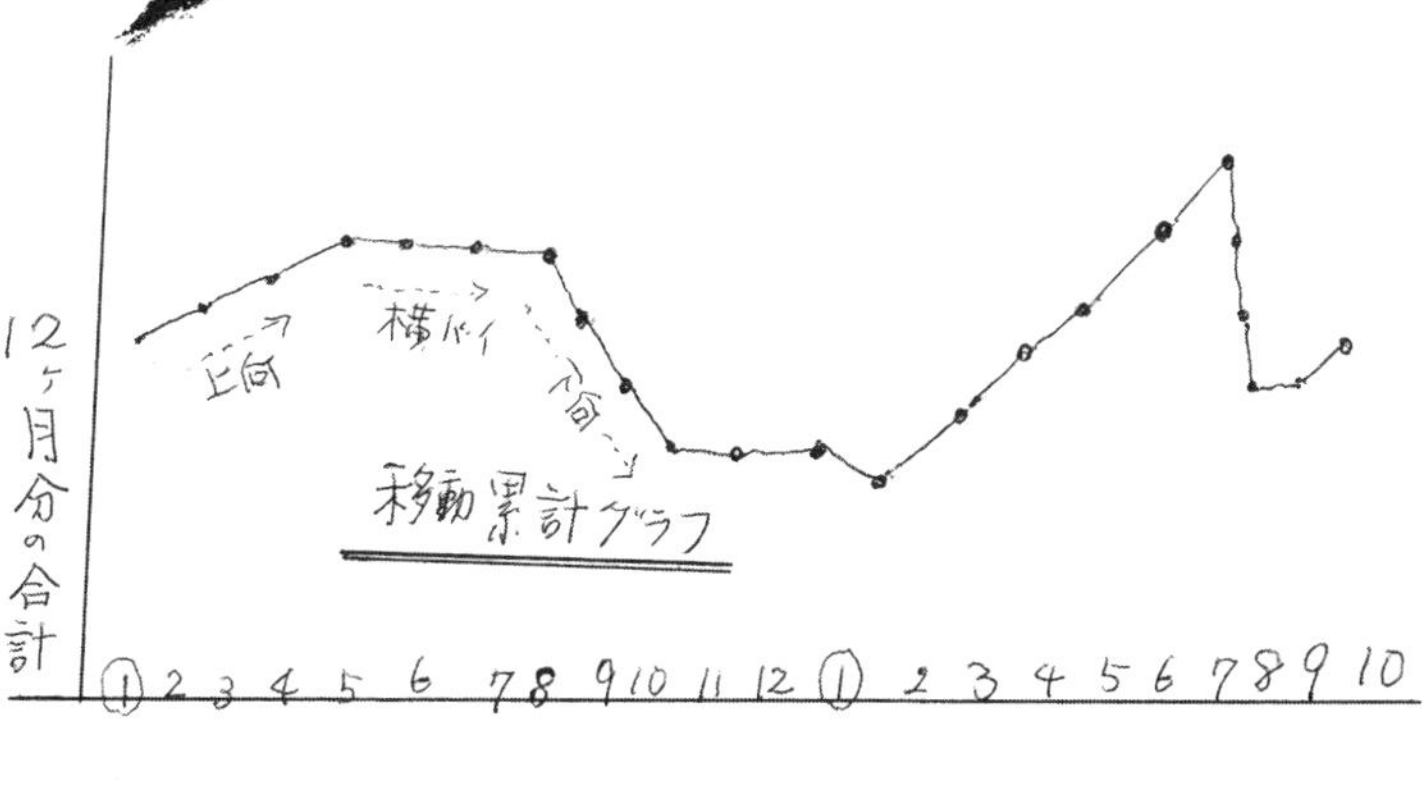

第五話　経理に不向《ふむ》きな奥さん

中小企業の場合、社長の奥さんが経理係と言うケースが一番多いようですが、近い身内というだけなら止《や》めた方が良いと思います。

社長にとっては部下を使いこなさなければなりません。ところが奥さんも新婚の頃なら別として、いずれは社長と対等かそれ以上になります。その人が経理係では社長はデータが入手しづらくなります。

ましてや「見える化」も不可能です。

支払いの権限だけを持っている最悪の経理係となる場合もあります。

試算表も読めず、仕訳も理解していない人が社長の奥さんと言うことで、経理担当として銀行や会計事務所との窓口を務めておられるならば、とんでも無いことです。

じつは会社にとって、一部の例外を除き「社長の奥さん」ほど手を焼く存在はありません。よほど適した能力のある方でないかぎり、経理だけは避けられた方が良いでしょう。

経理は奥さんより部下にやらせた方が良い。

第六話　お金のあるのと利益は別のもの

よく「お金が無い」「お金が無い」と言う人がいます。

よく聞いてみると不動産を買ったとか、商品を仕入れたために資金繰《ぐ》りが悪くなっているだけの会社と、赤字続きで資金繰りがつかない会社とがあります。

逆に、銀行から融資《ゆうし》をうけて手元に現金がいっぱいあるときは、資金繰りが楽で集金ものんびりしたり、買い物にもゆとりがでます。

損益と資金繰《ぐ》りはまったく別の次元《じげん》なのに、なぜか預金残高がいっぱい有ると儲かっているように感じ、手元に金が無くなると「お金が無い」と騒ぎ出す。これは、経理を理解していない人に多い現象《げんしょう》です。

手元にお金があるとき油断して、返済が迫《せま》ってきて困った困ったと嘆《なげ》く人が少なからずいます。常に損益とバランスシートに気を配っていればこんなことにはなりません。

お金が手元に
あることと
儲かっている
こととは
別です。

第七話　決算書

経営者は、年に一回は税務署へ決算書を提出します。一円でも誤ると後がうるさいので、税務会計事務所では細かい資料を求めます。

そのため、いつの間にか税務用の経理が誕生してしまいます。本来、会社の社長の経営資料を作成することが目的なのに、税務署や役所への書類作成係になってしまいがちなのです。

経営の決算書は毎月もしくは毎週必要で、最低でも月一回は月初めに提出せねば、販売会議や役員会に支障《ししょう》が生じます。しかしもっと問題なのは、それだけ努力して提出した月次の決算書を「読《よ》めない社長」がいることです。

社長になってしまうと決算書の読み方など誰も教えてくれませんし、恥ずかしいのか聞くこともしないので、決算書を軽視しがちとなり、いつの間にか税務署のため、銀行のための経理係になってしまうのです。

潰れる社長は
計算高く
経理に弱い。
勉強して
強くなれ！

第七章
経理

第八話　労働分配率

「人間の『働き』に対し給料を支払う」

一見簡単そうに思うかも知れませんが、サービス業の場合、神様でも平等にかつ整合性を以って支払うことは不可能だと思います。

支払いが少ないと、会社は儲かっても社員からは不満が生じるし、多過ぎると労務倒産となります。そこに会社にも社員にもわかる節度ある基準値《きじゅんち》を昔の人は見つけました。それが労働分配率です。

どんな商売にも売上高があり売上原価があります。その差額を粗利高《あらりだか》と言います。粗利高を三等分し、三十三％を人件費、三十三％を経費、三十三％を税前利益とします。

この三十三％人件費高が四十％を超えると儲からなくなり、五十％で危険になります。

労働分配率を計算し、作業のやり方を改善したり、システムを改良し人員を少なくして、一人当たりの給料アップを目指すことが労働分配率の考え方です。

毎月
労働分配率に
気を配ろう。

粗利高

労働分配(人件費等)	経費	税前の利益
33%	33%	33%

第九話　失敗を隠《かく》さない空気

人間は誰だって失敗します。

失敗やミスは、会社にとって大きな社会的信頼失墜につながる場合もあります。そんなとき失敗より恐ろしいのは、「隠す」という行為です。本人が「隠す」のも良くありませんが、『上司が部下の失敗を隠す行為』ほど恐ろしいものはありません。部下を守っているつもりかも知れませんが、ウソはいつかバレます。ミスや失敗の再発防止を立てるのが後手後手となり、マスコミや社会の批判を浴びて潰《つぶ》れた会社さえあります。この場合大切なのは、「失敗を報告できる会社の空気」だと思います。失敗を叱るより、失敗を共有する会社づくりが大切ですし、本人も上司も「ごめんなさい」と素直に謝《あやま》ることが大切です。

「可愛《かわい》い部下を守るため」と思って隠したことが本人にとっても会社にとっても最悪の結果になるものです。**これは最大のタブーでありルールです。**

ミスや失敗は
隠さず
共有しよう。

第十話　両方良いのは頬《ほお》かぶりだけ

最大の売上を求めると経費が上ったり、最少の経費におさえると社内の活気が無くなったりします。

コントローラーはいつも矛盾《むじゅん》との戦いです。でも今期の目標はなんとしても達成しなくてはなりません。矛盾《むじゅん》の中のバランスこそ経理責任者の腕の見せどころです。目標や実績をグラフにして、見える化で社内全員に納得してもらいながら『今何をどうすべきか』の課題を提言するのが、経理のお仕事です。

昔の人は『両方《りょうほう》（両頬《りょうほお》）良いのは頬《ほお》かぶりだけ』と言って、何か一方を我慢することを教えました。何かを求めるとき、何かを我慢《がまん》する。そこで大切なのは、「**目標達成**」の四文字です。計画は画に描いた餅《もち》（絵空事《えそらごと》）ではないのです。

経理とは後処理《あとしょり》の仕事ではありません。

前向きに何を我慢するか、目標達成の先導役《せんどうやく》でもあります。

両方良いのは
ほおかぶりだけ

第八章

接客と売り方

第一話　お客様は女王様

かつて、三波春夫と言う国民的歌手が「お客様は神様です」と叫《さけ》んでいました。でも、私は女王様だと思います。神様なら私達の蔭《かげ》の苦労をご存知ですが、女王様には見えません。それに感情もありますから、怒らせたら恐ろしい結果になります。

その女王様も、お気に召されればお店をひいきにしてくださいます。可愛がってくださいます。大切なのは、初対面のときの私達（サービスマン）の笑顔や気配りや、お店の掃除や玄関の花など、お迎《むか》え、おもてなしの心構えです。

女王様は実におやさしい方で、お店の品物をほめて下さいますが、昔から「ほめる客は買わぬ」と言われています。また、女王様は帰り際《ぎわ》に「また来るね」とおっしゃいますが、「来る気の無い客はまた来ると言う」と言われる通り、帰るときのごあいさつです。どんな小さな品でも良いから、買っていただくことが一番大切なのです。

誉《ほ》める客は
買わぬ客
客は来もせで
又来る と言う

第二話　アメと思っても

昔の人は、お世辞《せじ》のことを「アメ」と言いました。

お世辞ことば、お世辞笑い、と悪い意味に使われますが、お世辞とわかっていても、人はうれしいものだと言うことを「アメと思っても乗せられやうれし」と言いました。「おだてられたい！」たとえそれが一時のうそであっても待っているのです。「お世辞でも良いからおだててくれ」と……。

しかし、おだてやお世辞は長続きしません。

それに対し、ほめる（賞《ほ》める、誉《ほ》める）とお世辞は異《こと》なります。ほめるためには愛の目が必要です。相手に対する観察《かんさつ》の目が必要です。どんな人にも十個以上の長所があるものです。「センスが良い」「上品」「やさしい」「……」その言葉を待っておられるのです。お客様が笑ってくださると、私達（サービスマン）もテンションが上がり、やる気が湧《わ》いてきます。

アメ（お世辞）と
思ても
のせらりゃ
うれし

第三話　近く上田《じょうでん》

上田《じょうでん》とは上等の田んぼと言う意味です。

「遠くの田んぼより近くの田んぼのほうが上等の田んぼである」との教えです。商売で営業に廻るとなぜか近所より遠くへ遠くへと行こうとします。

不思議ですが、そうなりがちなのです。でも一年間を締《し》めくくってみますと、近いところほど努力が少なかった割には売上が上がっています。

逆に遠くの客は努力の割に売上合計は少ないのです。

近くの田（近くの客）こそ一番客であり、店の近くを掘《ほ》り起《お》こすことが最大の結果を生み出すことを忘れてはなりません。

不動産を取得する場合も、飛び地や遠隔地は避けるべきですし、本拠地を中心に面で拡大すべきだと思います。

近《ちか》く上《じょう》田《でん》

第四話　社風と会社好き

「売れる社員と売れない社員の違い」がどこにあるのか観察《かんさつ》していますと、オーラの違いを感じます。

業績の上がっている店舗も、そうで無い店舗も売っている品物も売価もグループ内では同じです。それなのに、人によって二倍も三倍も売上に差が出ます。その要因は人間関係です。接客の技術やマナーに問題のある人は別として、同じ社員でも勤務先の店によって成績が大きく変化する場合が見られます。悪い空気が漂い、何となく暗いのです。業績の良い店は明るく活気があります。「会社が好き」という「愛社精神」の差がでて、お客様に自分の会社の社長や店長をほめまくるのです。お客様はそんな社員に好感を抱き、買ってくださっているように思えます。

お客様は商品を買っているようで実は社風や社員の熱意を買ってくださっているのだと言うことがわかりました。

「社風」と「熱意」を
買って下さっている。

どんぐり

第五話　何で？　何で？

お客様が私達の店に足を運んでくださったのはなぜでしょうか？　他にもいっぱい店があるのに……。お客様が商品を買ってくださるのはなぜですか？

なぜきものを買うのですか？

なぜいくつも買うのですか？　高級車を買う理由は？

何で？　何で？　と問いかけてください。問いかけられたお客様はビックリされます。

高級車を買うのにとくに理由は無いように思われますが、実は理由があったのです。きものを買うことも、そのお店を選んだことにも理由があるのです。

そこを質問すると、意外な答えが返ってくるのです。

そこに新しい発見と広告や企画のアイディアが誕生するタネが潜《ひそ》んでいるのです。

お客様は本音をしゃべられた後は、すごく打ち解《と》けてくださいます。

何んで当社を
選んだの？
何んで私を
選んだの？
何んで？ 何んで？

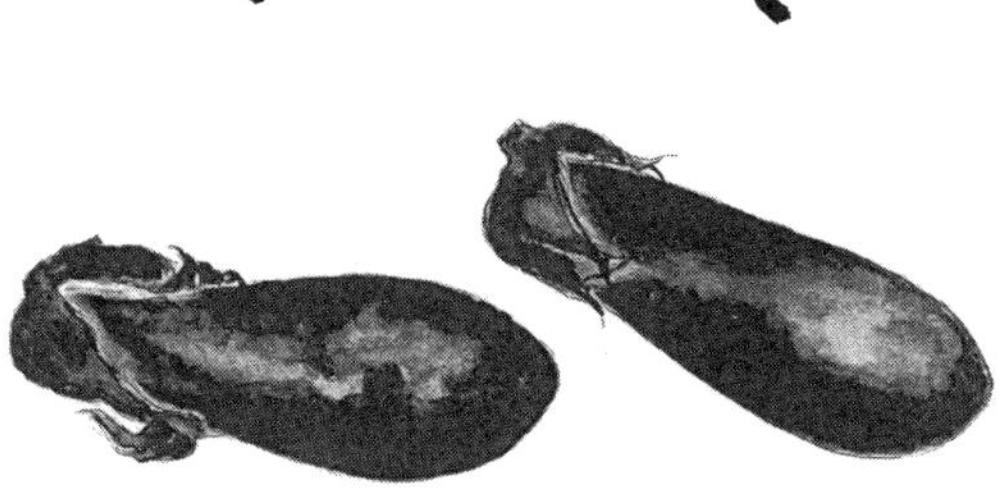

76

第六話　接客タブー

接客で話が盛り上がり「即《そく》ご成約」となればめでたいことですが、成約どころか脱線して転覆《てんぷく》してしまう場合があります。

ここに、いくつかお客様との話題のタブーを書きます。

一、宗教の話はするな
二、政治の話はするな
三、スポーツの話はするな
四、下ネタ（エッチな話）は一回以内
五、本題から脱線するな
六、客との間に商品を置いて話せ
七、話し上手になるな（聞け）
八、議論するな
九、売れるまでねばれ
十、あきらめるな

「売る」お仕事をしているときは、「売る」ことに集中すべきで、本来雑談は不要なのです。

接客中
一、宗教
二、政治
三、スポーツの
話しは
してはいけない。

第七話　あいさつ

「おはようございます」「ありがとうございます」「いらっしゃいませ」笑顔で元気な声であいさつされると、ついついうれしくなります。

でもそのときの姿勢が大切です。

歩きながら、または何か作業しながら顔だけ向けられてあいさつされても、価値は二分の一以下となります。

立ち上がり、手を止めて、頭も下げてあいさつされると、その人が輝いて見えるから不思議です。

その間の時間は三秒位ですから、立ち止まってあいさつする習慣を身につけて欲しいものです。

きっちり目を見てあいさつする人は、心に曇《くもり》の無い人だと思います。

ごあいさつは
立ち止って
相手の
目を見て

やまぶき

第八話　後で言うか先に言うか

商品の品質は良いのですが、値段の高い商品がありました。同じ品なのに一人はよく売れ一人は売れませんでした。その訳は、欠点を先に言うか後に言うかの違いでした。売れた人は「この品は値段は高いけれど品質がすばらしく良い」と言いました。売れなかった人は「この品質はすばらしく良いけれど値段が高い」と言いました。人は後から言った言葉を受け取ります。欠点を先に言って、後で長所を述べることが大切な表現方法です。


「あの娘は美人だけど貧乏だ」

「あの娘は貧乏だけど美しい人」

「この魚はおいしいけれど高価」

「この魚は高価だけどおいしい」

どちらの言葉なら買いますか?

欠点を先に言い
その後で
長所を言う。

第九話　味を伝える

元気なかけ声で魚を売る店員がいます。

黙っている店員より元気な方が魚も生き生きして見えます。

しかしもっとお客様に届く言葉にしたいなら「簡単にぶつ切りにして煮つけにすると、鯛より身がしこしこしておいしいよ」とか、「三枚におろしてあげるから刺身にして、しょうがで食べると口の中でとろけるよ」と言ってみましょう。言われた方はきっと一度買ってみたくなるでしょう。

洋服だと「このセーターにこのパンツを組み合わせれば、こんな場所に着て行ってもてるよ」とか、食べ方、着方、住み方、使い方など、「情報を付けて売る」ことが大切です。

「さすがこの人は勉強しているね」と言われ信頼されることが大切だと思います。

魚の味を
伝えよう
魚の料理を
伝えよう
そうすれば
売れるよ

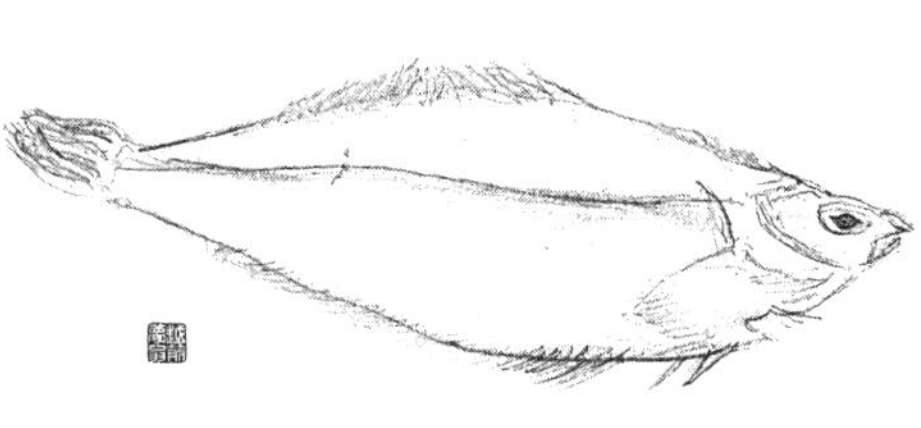

第十話　壁の花にならないで

よくレストランや結婚式場でアルバイトのウェイトレスが壁際に立ち、手を重ね、ぼんやり立っている光景を目にします。

用事があってウェイトレスに目でサインを送ったり、手を少しだけ上げてサインを送ると、なぜかうつむいてしまって目を合わせようとしません。私はこの人達を『壁の花』と呼びますが、きっと何をどう動いて良いのかわからず、壁の花になったのだろうと思います。

また、地方のデパートでは店員同士のおしゃべりをよく目にします。

あれは不快です。また、商品を見ていてふと気がつくと背後に店員が立っている場合があります。きっと説明しようと近づき、話しかけるタイミングを待っていたのだと思いますが、お客様の後《うしろ》に立つことはタブーです。後《うしろ》は無防備なのです（これを背《はい》後霊《ごれい》と呼びます）。

壁の花や
背後霊に
ならないで！

第九章

学習・向上心

第九章
学習・向上心

第一話　売れる人になる

夢を持って販売やサービスの仕事に就《つ》き、一日も早く先輩に追いつき追い越そうと思い、やたら売るテクニックを身につけようとする人がいます。

それより、次の四点を頭においてゆっくり成長してください。

一に笑顔、

二に掃除、

三に整理、

四に知識　です。

テクニックは不要です。笑顔とあいさつは基本的な習慣です。掃除をすると不思議と売れる人になれるのです。三に整理で、これができると仕事が早くなり、先輩に大事にされます。知識とは**価格の丸暗記**です。学校のような知識を身につけるより、身近な品物の価格を覚えていくうちに、いろんな知識が体に入ってくるものです。

笑顔の習慣
掃除、の習慣が
基本です。

第二話　一流を真似《まね》る

学習の「学《まなぶ》」は「真似《まね》る」からきているそうです。文字の基本は楷書《かいしょ》です。

剣道は素振《す》り、絵はデッサンや模写《もしゃ》からスタートします。

ピカソのデッサンや模写《もしゃ》は、まるで写真のようです。

真似《まね》ているうちに基本が出来てきて、独自の絵がかけるようになるのだと思います。

接客の基本は同じく真似るうえに両手が重要です。

あいさつも受け取りもご案内も、すべて両手で行えば美しい接客が身につくのです。

そして真似るにはお手本が一流でなければなりません。

三流に教えてもらったり、三流をお手本にしたのでは悲劇です。

一流を探すこと、これが成長の早道です。

古道具の「目利《めき》き」になるには、ほんものを見続けることだと学びました。

一流を見ろ
一流を真似ろ
一流を目ざせ

第九章　学習・向上心

第三話　簡単な仕事から始めよう

集金でも、販売や交渉でも、難しい取引先や難しい作業と、簡単で行けばすぐ成果の上がる先やすぐに終わる作業とがあります。

一日でより多くの成果を上げるためには、簡単な事から手をつけましょう。

絶対難しい仕事を先にやってはなりません。

簡単でやすきことを先にやるのです。一つ解決できたら次に取りかかるとき、リズムが生まれます。

スタートがスムーズに行くと、良い方向に進むものです。

そして難しい仕事は他の仕事が終わっていれば、腰をすえてできるので、交渉や集金もまとまりやすくなります。

一つでも用事を済ませておくと、頭も心も軽くなるものです。

仕事も
交渉も
簡単な事から
手をつけよ

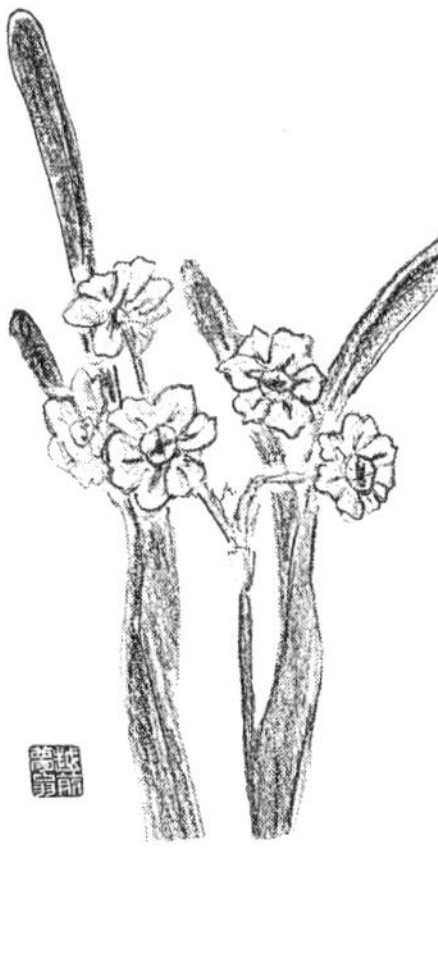

第九章
学習・向上心

第四話　段取《だんど》り

仕事はやり方次第《しだい》で早くも遅くもなるものです。前もっての準備がきちんとできているのと準備して無いのでは、二倍も三倍も差が出ます。

朝全員揃《そろ》ってから、その日の段取りを話し合って、それからペンキやハケを買いに走っていたのでは、半分以上の人はボケーっと待たねばなりません。

段取りの悪いリーダーの元《もと》では成果が上がるわけがありません。

大将や社長、リーダーが有能かどうかで、仕事の出来や成果が決まるのです。

リーダーや親方の役割は段取りです。

有能な人は数ヵ月、数年前から準備に取りかかっています。

真のリーダーは蔭《かげ》で段取りをしています。

段取り八分
仕事二分

第九章　学習・向上心

第五話　まず取《と》りかかる

やる前に弱音を吐《は》いたり、できない理由や言い訳《わけ》を言う人がいます。

上司はやれると思うから命令するので、ゴチャゴチャ言わずに取りかかって欲しいと思います。失敗の責任は命令した人が取るので、まず取りかかることです。

どんなに難攻不落《なんこうふらく》の城でも、どこかにスキがあるものですし、商売もどこかに繁盛のカギ穴があるものです。

やっているうちに発見することもありますし、思いつくことがあるものです。

体を動かし、良いと思ったことをどんどんやってみる。逃げたり立ちすくんでいては、城は陥落《かんらく》しません。とくに若いときはどんな小さな実験でもやるだけの価値はあるのです。

実験や作戦で一番大きな失敗は、やらずに逃げることです。そのときやったことが後日大きな成功につながることが多いものです。

弱音を吐《は》くな！
ゴチャ〳〵言わず
先ず
取りかかろう

第六話　報《ほう》・連《れん》・相《そう》

ほうれん草はポパイの力の源《みなもと》です。会社の報《ほう》（報告）・連《れん》（連絡）・相《そう》（相談）は仕事の原点です。

どんな仕事もチームワークで、報告や連絡や相談は密《みっ》でなければなりません。とくに大切なのは報告ですが、

一、**結論や結果を先に告《つ》げる**

二、**数字で告げる**

の二点をポイントにしてください。

営業に行っての報告は「売上高」や「数」です。売れなかった先のことや留守の話などは、上司が求めたら伝えることです。仕事は報告をもって完了すると言われていますが、これは重要な習慣ですから必ず身につけねばなりません。

若いときに身につけないと上司になってからでは大変です。

仕事とは
報告を以って
完了する

第九章　学習・向上心

第七話　白猫《しろねこ》・黒猫《くろねこ》

昔の人は「白猫は猟《りょう》をしないから飼《か》うな」と言い伝えてきました。

昔は猫《ねこ》の仕事は鼠《ねずみ》をとることでした。天井裏や、すすだらけの二階で鼠《ねずみ》を追いかけると、猫の体は真っ黒に汚れます。白猫は体を汚したくないので鼠《ねずみ》を捕《と》らないと言われ、黒猫だと黒くなることも平気だから好まれました。嫁をもらうにも、真っ黒になって働いてもらうために、美人より色黒で腕《うで》や尻《しり》のりっぱな女の人が重宝《ちょうほう》されたそうです。

現代では猫はセラピー（癒《いや》し）の役目で可愛いことが条件です。

お嫁さんも美しい、可愛い人（白猫）が求められているようです。

しかし、職場では猟《りょう》をする黒猫が必要です。汚れ役や苦労役をすすんでやってくださる人材（黒猫）が求められています。

白猫は
猟をしない。
職場では
黒猫が欲しい。

第八話　教える難しさ

山本五十六《やまもといそろく》という名将の言葉に、「目で見せて、言って聞かせて、させてみて、ほめてやらねば、誰もしないぞ」というのがあります。

人を教えることは至難の業《わざ》です。

とくにサービス業や販売業はマニュアル化が難しく、相手のお客様によって対応を変化させねばならぬことが多いからです。

それでも繰り返し繰り返し教えていくことしかないのです。先頭に立って教え、さらに見届けてやらないと、ほめることもできません。

「鉄は熱いうちに打て」とか「彼岸過ぎての麦の肥え（肥料）二十歳《はたち》過ぎての子に説教」と言われます。

社員も入社初期の教育が一番重要です。

目で見せて
言って聞かせて、させてみて
ほめてやらねば
誰もしないぞ

山本五十六

第九話　学校と社員教育

学校へは「授業料」を納めていますので、学ぶ人はいわばお客様です。

とくに民間の学校では生徒募集が大切ですから、生徒（お客様）に合わせてくれます。ところが会社や職場は、研修生でもその日から給料支払いの対象となります。お金を払うのは会社です。

その違いはまったく逆です。そのことをわかっていない人が真剣に学ぶはずもなく、「豚に真珠」です。社会人としての教育の第一歩は「**甘えを取り去って**」あげることです。給料をもらいながら勉強させていただいて、それでも真剣にやらない人を教えてもムダです。

学ぶ人もつらいでしょうが、教える側もつらいのです。二倍勉強してもらわないと教えることはできません。仕事をたのしくするためには、つらい修業を越えねばなりません。

教育とは「甘え」を取り去ること

第九章 学習・向上心

第十話　五分前集合

かつて私が学んだ学校では、五分前集合が躾《しつけ》の常識でした。

世の中には約束の時間の五分前に来られる方と、時間通りの方と、五分遅れて来られる方がおられます。

どの地方でも地方時間と言って、宴の開始等が三十分位遅くなるのがあたり前の地方がありますが、いまや古過ぎると思います。

商人は「時間」と「金」にルーズな人を信用しません。逆に五分前に先方に行っているとすごく信用されるものです。

たった五分の違いでどれだけ徳《とく》（得）をするか計《はか》りきれません。

五分前集合の精神は、ぜひ身につけていただきたい習慣です。

五分前集合

第十章

よき師よき友

第一話　「運《うん》」「鈍《どん》」「根《こん》」

才能や頭の良さが成功の条件ではありません。

「運《うん》」「鈍《どん》」「根《こん》」を身につけることだと私は教えられました。

かつて「運《うん》」とは幸運のことで自力では得られない天の恵みと思っていました。「鈍《どん》」も「鋭《するど》い」の反対語で、太くどっしりした性格は、生まれつきの天からの恵み。「根《こん》」も辛抱強い性格のこと、共に天与のものと思っていました。

年を経《へ》るにつけ、私は自分の解釈の誤りに気付くようになりました。

「運《うん》」とは他力ではないのです。

「運《うん》」とは運ぶこと、命を運べば運命、心や体を動かせば「運動」です。

じっと待つことではなく、よき師、よき友に会《あ》いに行くこと、見学に廻《まわ》ることです。

「鈍《どん》」とは、じっくり考えること。「根《こん》」とは心の根っこで「信念」のことだと理解するようになりました。

運命とは
命を運ぶこと
よき師よき友の
所へ体を運ぼう

第二話　ほめ合いゲーム

私は時々ほめ合いゲームを実施します。一分間で相手をどれだけほめることができるか、二人一組でのゲームです。初対面の方とのゲームですが、ほめ上手《じょうず》とほめ下手《べた》がおられます。

素早く相手の長所を見つけ、それを言葉にするのですが、一分間に十五～二十こほめる方が十％位（特上）、十四～十こが十％位（上級）がおられる反面、五こ以下も十％位（下級）おられます。

ほめることができないのです。

初対面どころか毎日一緒に暮らす家族や職場の仲間、またはお客様をほめると気持ちが良いものです。ほめられたらもっとうれしいのです。

ほめ下手《べた》は職人さんやお役人さんに多いのですが、成長する会社の経営者はほめ上手が多いようです。

褒《ほ》められると
うれしい。
長所発見を
ゲームにしよう。

第三話　カンのトレーニング

昔、私が半農半商だった頃、三日から七日間農業をやると、物を売るのが下手《へた》になるのがわかりました。元に戻るのに三日から七日間かかりました。かつて覚えた柔道も久しぶりに中学生に教えようとしたら、恐ろしくて技を出すことができなくなっていました。何事も毎日毎日練習や訓練をやっていないと、いざと言うときに間に合わぬことを知りました。

経営者も週に一回や二回休息が必要だし、年に数回は出張や休暇が必要です。しかし、どんなに表面休んでいても三六五日×二十四時間、経営責任はついてきているのです。

最高に重いお仕事をしているのです。周囲の人はそのことを理解し支援していただきたい。と同時に経営者は毎日「カン」のトレーニングをどんな場所にあってもやり続けねばならないのです。

とぎすまされた
直感《カン》力
毎日のカントレが
名将《めいしょう》と愚将《ぐしょう》の差

第四話　うまくいかなかったこと

「人生万事塞翁《さいおう》が馬」と言うのであれば、失敗もまた役に立つ出来事と受けとめることができます。でも、やっぱりやってはならぬことはあります。

その一、「店や建物を活用するために、新商売をやってはならぬ」

今までの店が手狭になり、他で新築や開店したとき、もとの店が余ってくる。そこで、その店を活用するために何かやろうかと始めて、大ヤケドを負ったことが何回かあります。

そのような店は「売る」か「貸す」かして自分で商売してはいけないのです。

その二、「人を活用する為に、新商売をやってはならぬ」

かつて友人や知人の為に新部門を立ち上げたことが何度かありましたが、どれもうまくいきませんでした。「やることが先にあり」そのために人を募集すべきなのに「人が先に有り」では本末転倒《ほんまつてんとう》でした。

商売は
建物の為や
人の為に
始めては
いけません。

第五話　人のご縁の大切さ

オープン初期のメンバーが続いている店は着実に成績が上がっていくのに対し、オープン初期のメンバーがすぐに辞《や》めてバタバタした店は何年も苦労するものです。経営者の考え方が浸透《しんとう》せず、お客様も不安に感じられるのだと思います。オープン初期のメンバーの選任基準は「長続きする人」です。社長が自《みずか》ら先頭に立って教えた人に辞《や》められてしまったのでは、社長も力が抜《ぬ》けてしまいます。

開店は大なり小なり、会社の運命を担《にな》っています。

フランチャイズのシステムが確立していて五十店、百店を出していく場合は、オープンメンバーは次から次へと移っていきますが、中小会社ではオープンメンバーは重要なのです。

本部システムを確立した後でも、人が永続きする店でないと楽しくありません。

事業の楽しさは、人と人の結びつきでもあります。

社員との
ご縁を大切に。
人が長続き
することが
一番の目標です

第六話　財産

貧乏なときは財産が欲しいと思います。お金さえあれば何でも手に入るようにも思います。しかし「たらいの水」のように、集めても集めても逃げていくことがあります。お金の扱い方やお金の習性を知らない間は、お金は定住してくれません。ところが、お金に対する法則がわかるようになると、お金の方からなついてくれるようになり、お金が追っかけてきます。

「財」とは貝（金）に対する才能ですから、才能さえあれば良いのです。「産《さん》」とは産《う》むことですから、貝（金）に対する才が産み出したものを「財産」と呼びます。あまり追いかけるとお金の方が逃げ出します。また、お金や物を失っても才能さえあれば何度でも産み出せます。

お金は法則さえ身につければ集まって来ます。大切なのは「**お金は人生の目的ではなく、単なる道具である**」ことと知ることです。

財とは
貝(金)に対する
才能です。
法則さえ
学べば良い。

第七話　不退転の決意

先の見込みが無いときはサッと引き揚げることが重要ですが、逆に不退転の決意も大事です。

まず　一、目標をしっかり立てること
　　　二、全社一丸の決意と熱意
　　　三、「やればできる、やりぬくぞ!!」の信念
　　　四、「あと一歩」の「詰めの甘さ」を恥じる
　　　五、決してあきらめない
　　　六、工夫して工夫して何度か再挑戦
　　　七、成功をイメージし続ける

ことが大切です。

一度負け犬になると負けぐせがついてしまいます。知恵を出し、力を結集して、一度掘り始めた井戸は水が出るまで掘り続ける覚悟が、成否の分岐点となるようです。

新店も可能な限り不退転の決意をもって成功まで持続して欲しいと思います。

調査し、〱、
掘り始めた井戸は
水が出るまで
あきらめるな

第十章　よき師よき友

第八話　日本商人の知恵

どなたが書かれた本かは忘れましたが、ユダヤ人の知恵に関する本の中に、七八対二二の原理ということが書いてありました。

正方形に内接する円の面積と残りが七八対二二、空気中の酸素とそれ以外の比が七八対二二、人間の体の水分とそれ以外の比が七八対二二と書いてありました。すごい発見だと思いました。日本の商人は計算もしないのにちゃんと知っていたのです。それが二・八の法則です。二〇対八〇と雑なように思われますが、商人は直感で大切なこととそうでない部分の割合を体得していたのです。ユダヤ商人・中国の華僑、インド商人が商売上手と言われますが、日本商人こそすばらしいDNAを持っているのです。私は日本人として生まれたことに誇りを持っています。ユダヤ人やヨーロッパ人が行《おこな》ってきた奴隷《どれい》制度は、今も資本の力（ローン・クレジット方式）で低所得者をしばりつけて働かせています。日本人はそんな蛮行《ばんこう》はせず、自分自身の勤勉《きんべん》さと倹約で今日を築いています。

日本商人
としての
誇りこそ
宝

第九話　卒業

景気が悪かろうが、天気が悪かろうが、時代が悪かろうが、社長は儲け続けなければなりません。そのために「顧客創造」の知恵を出し、組織を固め、働き続けます。しかし永遠に続くことではありません。それゆえ、私は次の社長へバトンを渡しました。

これが私の卒業なのです。ライオンズクラブやＰＴＡや法人会や商工会、同業の会や町内会、友人との会や同窓会、いくつもの会に所属し活動してきましたが、その大部分も卒業しました。

卒業は淋しい反面、新しい出発なのです。

お金持ちにはなれませんでしたが、歴史的にも**貧富は時のめぐり合わせ**に過ぎません。財産などもはかないもので、仕事を辞めれば道具としてのお金も不要になるものです。人間関係すら卒業があり、あの世へ行かれた方や縁遠くなった方も卒業なのです。

卒業は淋しい、
でも
時は流れます
新しい出発の為
卒業しなければ
なりません

つくし

第十章
よき師よき友

第十話　生きているだけで丸儲け

「起きて半畳　寝て一畳

天下取っても　四畳半

三度の食事を一度にできず

きもの三枚　同時に着れず

風呂に入るは皆裸《みなはだか》

トイレの姿は皆同じ」

人の幸せとは健康であって、欲しいものがすぐ手に入ればそれで最高ですね。

天下を取っても、今の私たちとどれほどの差があるのでしょうか?

大金持ちが幸福などとは幻想《げんそう》です。

友人も親戚《しんせき》も誇《ほこ》り高い人ほど大金持ちの家には近づきません。

私たちは一生懸命生きてさえいればそれで充分です。

起きて半畳
寝て一畳
天下取っても四畳半
三度の食事を
一度に出来ず
トイレの姿は皆同じ

あとがき

一言でも良い
一句でも良い
お役に立てたら
うれしいとの思いをこめて

五十二年間の商売経営修業の中で
先輩や友人から教えられた言葉、
私なりに気づいた言葉をまとめました。

迷った時、困った時に思い出して、
判断の材料にしていただけたら本望です。

この本が世の中に出るころ、私は満七十歳になります。

五十二年間に学んだ事を卒業論文のつもりでまとめようと思い、ペンをとりました。

書き上げてみると、まだまだ書き残した事に気が付きますが、限度がありませんので、ここらでペンを置きます。

私を育ててくださった先生の大部分がもうこの世におられません。

それでも教えていただいた事は頭の中に残っています。

それを次の世代の人達にお伝えしたいのです。

商売の第一線を引退。別の道を歩く予定でした。

しかし、やはり私には商売しか無いことに気付き、新規に事業を立ち上げる決意をすることになりました。結果はどうなるかわかりませんが、死ぬまで現役で頑張ります。

どうかご指導をお願い申し上げます。

感謝を込めて

南部　務

ありがとうございます。

平成二十四年一月吉日

《著者紹介》

南部　務（なんぶ・つとむ）

1942年、福井県旧清水町生まれ。
陸上自衛隊少年工科学校中退。
18歳より母の後を継いで衣料品の行商を始める。
現在、ときめきウエディンググループ（自己資本25億円）
代表取締役会長。
南部経営研究所 代表。

E-mail：office-n@tokimeki-w.com

貧乏神と福の神

2012年6月10日　初版第1刷発行　〈検印省略〉
2015年9月10日　初版第2刷発行

定価はカバーに
表示しています

著　者　南　部　　務
発行者　杉　田　啓　三
印刷者　藤　森　英　夫

発行所　株式会社　ミネルヴァ書房
607-8494　京都市山科区日ノ岡堤谷町1
電話代表　(075)581-5191番
振替口座　01020-0-8076

亜細亜印刷・藤沢製本

ISBN978-4-623-06350-5
Printed in Japan

近江商人　三方よし経営に学ぶ　末永國紀 著

伊藤忠、丸紅、日本生命、ワコール、西川産業……日本的経営のルーツをたどりつつ、経営理念とされた「三方よし経営」の実態と現代的意義を分かりやすく描く。四六判・本体二八〇〇円

岩崎弥太郎――商会之実ハ一家之事業ナリ　武田晴人 著

資料と時代背景から、三菱財閥の創始者、海運業の父と呼ばれた岩崎弥太郎の一生を描きつつ、明治維新期の日本の事業活動のあり方の原点を探る。四六判・本体二四〇〇円

松居直自伝――軍国少年から児童文学の世界へ　松居 直 著

戦後日本の児童書出版を牽引してきた松居直。氏の生誕から『こどものとも』を手がけるに至るまでを、時代背景とともに鮮やかに描き出す。四六判・本体一八〇〇円

最高の職場――いかに創り、いかに保つか、そして何が大切か

M・バーチェル／J・ロビン 著　伊藤健市・斎藤智文・中村艶子 訳

グーグルやマイクロソフトがなぜ「働きがいのある会社」なのか。約一〇〇社ものケーススタディから実践につながる解説を行う。A5判・本体二〇〇〇円

企業と社会――企業戦略・公共政策・倫理（上・下）

J・E・ポスト／A・T・ローレンス／J・ウェーバー 著

松野弘・小阪隆秀・谷本寛治 監訳

アメリカで最もよく読まれている「企業と社会」論の初邦訳。基本的視点・考え方・方法等について体系的に説明する。A5判・各本体三八〇〇円

ミネルヴァ書房

http://www.minervashobo.co.jp/